바람 불어도 좋아

IVP(InterVarsity Press)는
캠퍼스와 세상 속의 하나님 나라 운동을 지향하는
IVF(InterVarsity Christian Fellowship)의 출판부로서
생각하는 그리스도인을 위한 문서 운동을 실천합니다.

바람 불어도 좋아

김병년

차례

들어가는 글　7

1부　흔들리며 피는 꽃

1. 내일이 닫힐 때　15
2. 가시에서 꽃이 핀다　31
3. 상한 갈대처럼　45

2부　천천히, 함께, 그날까지

4. 임마누엘　59
5. 죽음이 갈라놓을 때까지　73
6. 나도 인간입니다　93
7. 좀 울게 내버려두오　111
8. 돈 없이 살아가기　131
9. 하나님의 전능　149

나오는 글　169
후기　181

들어가는 글

바람이 분다. 나뭇잎이 떨어진다. 바람이 세차다. 나뭇가지가 흔들린다. 세찬 바람이 윙윙 소리 내며 불어오자 결국에는 나뭇가지가 뚝 하고 부러진다. 부러진 가지가 줄기에 붙어 덜렁인다. 주욱 찢긴 줄기에서 나뭇결이 허옇게 속살을 드러내고, 수액을 받지 못한 나뭇잎은 바짝바짝 말라 간다. 손으로 부비면 금방이라도 가루가 되어 버릴 것 같다.

그런데 나뭇잎이 타 들어가고 줄기가 찢어져 속살을 드러내도 나무 기둥은 미동도 없다. 바람에 가지가 부러질 정도로 흔들려도 언제나 그랬다는 듯 꿈적도 하지 않는다. 깊은 땅 속 뿌리에서 올라온 수액이 찢겨진 상처를 매만진다. 잎이 난다. 작은 잎새가 자란다. 겨울이 지나고 다시 새해. 싹이 돋는다. 부러진 흔적을 지우진 못하지만 새싹이 새 가지를 내기 시작한다.

내 삶 역시 시냇가에 심은 나무와 같다. 보이지 않는 아픔이 바람처럼 불어와 내 삶을 흔들고 마음을 후벼 팔 때, 보이지 않는 뿌리가 필사적으로 물을 찾아 그곳을 향해 뿌리를 내렸다. 상처에서 고름이 나고 뼈가 허옇게 드러나 회복이 불가능할 것 같은 그 순간에, 뿌리를 타고 올라온 여호와의 생수가 상처를 싸매기 시작했다. 상처가 회복되는 과정은 길고 지루했지만, 그 지루함은 온전한 회복을 기다리는 시간이었다. 생명이 태어나서 자라듯, 아픈 삶도 생명의 여정을 따라서 천천히 회복되었다.

"환자는 다 신학자가 된다." 나는 너무나 아팠고, 그래서 삶의 모든 근원이 되시는 하나님께 처절하게 질문했다. 그간 믿어 왔던 모든 진리에 대해, 사람들이 하는 모든 말들에 대해 의심하면서…. 아파서 힘들수록, 가뭄이 찾아와 목마를수록 내 믿음의 뿌리는 더 힘차게 물길을 찾았다. 나는 무의식적으로 믿음의 근원을 향해 나아갔다. 그곳에서 나는 하나님의 진정한 성품을 대면했고, 놀랍게도 엄청난 자유를 얻었다. 생각해 보면 참 신기하다. 내 삶을 얽어매는 육중한 끈과 같았던 고통이 나에게 자유를 주었다는 것이.

그것은 하나님의 주권을 발견하고 얻은 고귀한 자유였다. "내 아내가 낫지 않아도 당신은 전능한 분이십니다." 아내가 회복되지 않을지라도, 내 기도를 들어주지 않으실지라도, 하나님은 전능한 분이시다. 하나님은 그렇게 자유로운 분이시다. 자유로운 하나님을 만나, 나는 자유로운 인간이 되었다. 그리고 문제 해결에 매달리며 하나님을 종처럼 부리던 삶을 벗고, 하나님의 종이 되었다. 그리고 그제야 나는 하나님의 전능을 볼 수 있었다. 문제를 해결하는 능력이 아니라 우리 안으로 오시는 하나님의 전능을 말이다. 하나님은 홀로 한 분이실 뿐 아니라 십자가에서 인간이 되신, 이 세상 어디서도 만날 수 없는 유일한 하나님이셨다. 그분은 우리를 사랑해서 자신의 능력을 제한하고 인간이 된 분이셨다. 능력만 구할 때는 보이지 않던 하나님의 참 능력을 그제야 볼 수 있었다.

그처럼 전능하신 하나님은 정말로 나의 삶 곳곳으로 들어오셨다. 교회라는 특별한 공간뿐 아니라, 하루하루 살아가는 일상이 하나님이 임재하시는 성소가 되었다. 하나님은 다양한 상황에서 그 다양한 얼굴을 드러내셨다. 내가 힘들 때, 따사로운 얼굴로 찾아와 나를 위로하신다. 때로는 민낯 그대로를 들이미시고, 어떤 때는 노기 띤 얼굴로 찾아오기도 하신다. 나를 만드신 하나님도 한 성격 하는 분이시다.

내가 무엇보다 하나님의 임재를 분명히 인식하게 되는 것은 병과 함께 살아가는 일상을 통해서다. 질병을 품은 아내를 돌보는 가운데 하나님의 사랑을 만났다. 나의 아픔을 함께 아파하시고, 또 내 웃음에 함께 웃으시는 하나님을. 하나님은 내가 혼란스러워할 때 역시 혼란스러워하며 기다리신다. 내가 안정될 때까지. 그분은 자기 형상으로 빚어진 아픈 내 아내를 돌봐 달라고 말씀하신다. 내 아내는 아픈 하나님의 형상이었다.

오늘도 내 일상에 세찬 바람이 분다. 하지만 바람이 불어도 고난이 찾아와도 생명이 자라는 것을 막지 못한다는 것을, 우리 아이들을 보며 느낀다. "하나님이 만든 가장 아름다운 가정은 어떤 가정입니까"라는 질문에 대번 "우리 가정이요"라고 답하는 아들은 내게 큰 위로를 준다. 깊은 우물에 내린 뿌리를 통해 힘차게 솟구치는 생수가 내 아이들의 삶에 공급되고 있다. 우리 가정에 이렇게 충만한 생명력이 자라고 있다.

인생에는 늘 비바람이 분다. 고통의 비바람은 나에게도 불고 자녀들에게도 분다. 다 큰 녀석에게도, 아직 어린 녀석들에게도 여지없이 불어온다. 그러나 언제, 어떤 비바람이 불어도 내가 거듭났다는 사실과 내가 경험한 하나님을 부인할 수는 없다. 사랑하기에 너무 버거워 아내를 포기하게 된다 할지라도 하나님의 긍휼을 부인할 수는 없다. 반복되는 고통이 모든 것을 포기하도록 할지라도 생명보다 귀한 하나님의 자비를 포기할 수는 없다.

바람이 불어왔다. 그리고 그 바람 때문에 중심이 이동했다. 나에게서 하나님께로. 우리에게서 그분께로. 삶에 부는 바람으로 모든 인생이 흔들리기 마련이지만, 결국에는 그분 안에 더 깊이 뿌리를 내린다. 겉은 흔들려도 땅에 뿌리내린 속사람은 점점 견고해져 간다. 그래, 우리는 살아간다. 바람이 불어도. 가지가 부러져도 새로운 싹이 나고 태양을 향하여 뻗어 오른다. 깊이 내린 뿌리는 오늘도 생명의 열매를 맺는다.

나무에서 노랫소리가 들린다. 바람 불어도 좋아!

1부

흔들리며 피는 꽃

1 내일이 닫힐 때

이정표 잃은 뒤에도 찾아가야 할 땅이 있다.
_도종환, "저녁 무렵" 중에서

2005년 8월 어느 날, 아내가 갑자기 쓰러졌다. 그리고 아내는 도무지 일어날 줄을 몰랐다. 중환자실 벽을 붙들고 며칠을 울던 중에, 입에서 찬송 하나가 흘러나왔다. 신음하던 내 영혼에 하나님이 주신 첫 번째 응답이었다.

거친 파도 날 향해 와도,
주와 함께 날아오르리.
폭풍 가운데 나의 영혼
잠잠하게 주를 보리라.

처음에는 그저 그런 위로의 찬송이라 생각했다. 어려움에 처한 사람이라면 누구나 좋아하는 찬송이니까. 하지만 그게 아니란 건 시간이 한참 흐른 뒤에야 알았다.

아무런 반응 없이 누워만 있는 아내를 어떻게든 일으키려 애쓰고 기도하며 서너 해가 지나갔을 무렵이었다. 어느 날 문득, 주님이 응답으로 주신 찬송에 치유를 약속하는 말이 없음을 발견했다. 어떻게든 낫는다는 말이 없는, 그저 '바라보라'는 가사로 끝나는 찬송. 이런 음성이 들려왔다.

"네 아내는 낫지 않는다. 병년아, 인생의 거친 파도를 타며 나만 바라보아라."

너무도 분명한 응답이었지만, 받아들이고 싶지 않았다. 감당하기 힘든 느닷없는 현실 인식에, 감추고 억눌렀던 눈물이 터져 나왔다. 고통을 견디다 못해 찢긴 생살이 지독히도 쓰라렸다. 느닷없는 추락. 이제 뒤집힌 배 안에서 숨 쉬는 법을 배워야 했다. 나이 마흔에 이전에는 이름도 몰랐던 질병과 맞닥뜨렸고, 앞으로는 그 질병을 품고 친구처럼 여기며 살아가야 한다. 절망 속에서도, 쓰러진 아내를 돌보는 일은 이제 나의 주된 일상이 되어 갔다. 나는 풍비박산, 뒤죽박죽, 무엇 하나 집중할 수 없는 산만함의 연속인 일상 안으로 푹 잠겨 들어가야 했다. 밥을 짓다가 아이들을 깨우고, 아이들을 깨우면서 아내에게 밥을 주고, 집을 청소하다 설교 본문을 떠올렸다. 이 상황이 언제 끝나리라는 아무런 약속도 희망도 없이…. 끝없는 터널 안을 더듬거리며 걷는 삶, 그것이 바로 내 삶이었다.

이런 일상을 지탱하기가 더욱 고통스러웠던 것은, 나의 숨겨진 얼굴이 적나라하게 드러날 때였다. 얍복 강변에서 20년 세월 동안 자기 얼굴을 숨기고 살아온 야곱에게 "네 이름이 무엇이냐"고 물었던 하나님의 음성이 내게 들려 왔다. 그리고 깊은 정죄감과 수치심에 빠져들었다. 내 얼굴은 매순간 신경질적이고, 여유라곤 조금도 보이지 않는 핏기 없는 얼굴이었다. 매일 반복되는 상황에 기쁨을 상실한 얼굴. 반복되는 일상의 곤고함과 통제 불가능한 상황 속에서 늘 분노에 찬 얼굴.

자율신경이 마비된 아내를 돌보고, 좀처럼 뜻대로 움직여 주지 않는 아이들을 양육하면서, 순간순간 거센 분노가 치솟았다. 사랑할 수 있는 마음을 간구하기는커녕, 내 감정을 다스리기에도 벅찬 삶이었다. 삶의 불안과 우울은 내면의 거룩은 고사하고, 내 속에 잠들어 있던 어둠을 불러내고 있었다.

신비에 눈뜨다

고통과 눈물로 범벅된 영혼에, 나의 하나님이 작은 창 하나를 열어 주셨다. 어둠 속에서 눈을 뜨자, 내 안에 고집스레 붙어 있던 자기중심적 집착이 보였다. 누구나 그렇지만, 내 안에는 '삶을 이해해야 한다'는 오래된 욕구가 있었다. 이 욕구는 끝없이 모순을 캐내려 한다. 욥의 친구들이 욥을 대했던 것처럼 말이다. '도대체 왜 나에게…', '왜 하필이면 이 순간에?' 하지만 우리는 안다. 그 누구도 이런 문제에 답을 얻을 능력이 없다는 사실을. 단순한 인과법칙만으로는 결코 인생의 근원적인 문제를 해석할 수 없다. 선한 행위가 반드시 선한 결과를 가져오지는 않는다.

인간이 인생에 대해 무지하다는 사실을 고난만큼 잘 깨우쳐 주는 것도 없다. 고난은 평소 삶의 법칙으로 여겼던 것들을 여지없이 무너뜨리기 때문이다. 고난을 당하기 전에는 정직한 사람이 복을 받는다고 믿었다. 그러나 정직한 사람도 이유를 알 수 없는 질병을 얻고 그동안 누리던 삶을 박탈당하는 것을 보면, 평소 믿어 온 삶의 법칙을 회의할 수밖에 없다. 이와 같은 결과의 모호함은 삶의 '신비'를 받아들일 수 있는 새로운 눈을 열어 주었다.

그리고 이 신비를 안고 사는 법을 배우기 위해서는 '느림'을 받아들이는 태도가 절대적으로 필요하다. 우리는 모든 것을 '지금 당장' 이해하고 싶어 한다. 살아 온 지난날도, 다가올 미래도 오늘 당장 이해하려고 한다. 나의 이런 성향에 대해 깊이 생각할 수 있었던 것은 라이너 마리아 릴케 덕분이다. 그는 「젊은 시인에게 보내는 편지」라는 책에서 이렇게 말한다.

> 문제들 그 자체를 사랑하려고 애써 보세요.
> 마치 그것들이 밀폐된 방이나 낯선 말로 쓰인 책인 것처럼.
> 지금 당장 해답을 찾으려고 하지 마세요.
> 당신은 그 문제들을 가지고 살아 보지 않았기 때문에
> 지금 그 해답을 얻을 수가 없어요.
> 그래서 모든 것을 살아 보는 것이 중요해요.
> 이제 그 문제들을 가지고 살아 보세요.

붙잡고 오래 씨름하다 보면 해답을 얻는다. 신기하다. 해답을 가지고 사는 것이 아니라 산 뒤에 스스로 해답을 발견하게 된다. 그래서 릴케는, 현재를 사는 사람은 "어려움을 딛고 일어서면, 언젠가 두려움을 주었던 낯선 것들이 내 삶의 소중한 보물"이 될 것이라는 기대를 가지게 된다고 한다. 여기서 보물은 물질적인 보물이 아니라, 신비로서의 보물이다. 인과적 결과로 나오는 대가가 아니라, 불합리해 보이는 삶에서 나오는 신비로운 선물이다.

고통을 겪으며 깨달은 것 하나는, 고통은 삶의 속도를 늦춘다는

사실이다. 고통은 달려가지도, 걷지도 못하게 한다. 제자리에 속절없이 서 있을 뿐이다. 고통이 우리를 두렵게 하는 것은 바로 이와 같은 정지 상태가 무척 두렵기 때문이다. 내 아내처럼 자율신경이 마비된 사람은 거의 움직임이 없다. 호흡만이 스스로 움직이는 전부일 뿐이다.

우리는 정지 상태를 답답하게 여기지만, 그것은 우리에게 귀한 선물을 준다. 느림이 주는 선물이란, 곧 자신의 존재를 볼 수 있다는 것이다. 자신이 얼마나 연약한 사람인지, 어떤 도움이 필요한지를 알게 된다. 그리고 정지된 상태는 사람들을 불러온다. 움직이지 못하니까 사람들이 우리에게로 움직여 온 것이다. 얼마나 감사한 일인지…. 또 주변의 아픔을 볼 수 있는 새로운 감각도 열렸다. 빠른 속도는 풍경을 그냥 스쳐 지나가게 하지만 느릿한 걸음은 느끼고, 만지고, 맛보게 한다. 좌우와 상하, 앞과 뒤, 우리와 그들, 나를 둘러싼 주변을 잘 보고 느끼게 해준다. 타인의 아픔이 나의 것으로 다가온다. 그렇게 아픔을 통해 하나가 된다. 나에게 좌절을 가져다준 고통이 내 인생에서 이렇듯 아름다운 것들을 만들어 내기 시작했다.

그렇다. 우리의 아픔은 신비다. 하나님의 신비 안에 거하면, 모든 것을 머리로 이해하려는 부질없는 집착으로부터 안식을 얻는다. 신비를 받아들이면, 모든 것을 잃은 후에도 인생을 다시 받아들일 수 있다.

믿음을 일깨우다

아내가 언제 회복될지 알 수 없는 불안정한 상황에서, 믿음의 문제만큼 나를 혼란에 빠뜨린 것도 없었다. 삶의 불확실성은 인간의 믿음을 단련하는 좋은 도구가 되지만, 그러기까지 나는 숱한 혼란과 갈등을 겪어야 했다.

아내의 회복을 열망하는 마음속에는, 회복에 대한 확신과 동시에 질병에 따르는 상실과 포기에 대한 두려움이 공존했다. 기도해도 낫지 않는 상황은 내 믿음에 대한 스스로의 회의와 주변의 비난을 동시에 불러일으켰다. 장모님은 목사인 사위가 능력 없는 믿음, 곧 아내도 일으키지 못하는 믿음을 가졌다고 역정을 내셨다. 나 또한, 나의 빈약한 기도보다는 다른 사람의 강력한 기도를 의지해서라도 아내를 일으키고 싶었다. 그러나 마음 깊은 곳에서는 병의 치유를 목표로 하는 장모님의 간절한 기도와 '네 믿음대로 될지어다,' '병에서 일으키는 큰 믿음' 같은 유의 말을 받아들이기가 힘들었다.

복음서를 보면, 예수님이 큰 믿음을 가진 사람들이라고 칭찬한 경우는 단 두 번이다. 바로 수로보니게 여인(마 15:28)과 로마군 백부장(마 8:5-13)이 등장하는 본문이다. 예수님은 이 두 사람을 향하여 "이런 믿음을 본 적이 없다"고 하셨다. 반면 죽어가는 딸을 살려 달라고 찾아온 야이로에게는 그런 칭찬을 하지 않으셨다. 여기서 예수님이 큰 믿음을 판단하시는 기준은 기도 제목의 크기나 심각성이 아니었다. 수로보니게 여인이 큰 믿음을 칭찬받은 것은, 예수님을 대하는 태도 즉 예수님 앞에서 자기를 낮추는 겸손한 태도 때문이었다. 백부장은 예수님이 친히 "가서 고쳐 주겠다"고 하셨으나 집까지 안 오셔도 그저 말씀만으로 나을 것이라 고백했고, 예수님의 말씀을 신뢰하는 태도로 인해 큰 믿음을 칭찬받았다.

　복음서에 언급된 믿음은 병 고침을 믿음의 한 형태로 보여 주는 것 같지만, 실제로는 그들이 예수님을 누구로 알았는지에 더 많은 관심을 둔다. 큰 믿음은 병을 치유하는 능력의 소유가 아니라 예수님을 대하는 태도에 달려 있다. 예수님은 겸손과 사랑, 신뢰로 자신을 대하는 사람들을 향하여 큰 믿음을 가진 자라고 칭찬하신다. 큰 믿음이란 능력을 나타내는 것이 아니라, 주님을 신뢰하며 그분을 따라 살아가는 신실한 여정이다.

우리가 살아가는 이 시대는 합리적으로 이해할 수 없는 사건이 너무도 많이 발생하는, 과거 어느 때보다 불안정한 시대다. 병원이 아무리 많아도 고치지 못하는 불치병이 자꾸만 생겨난다. 이동의 편의성은 높아졌지만, 교통사고의 위험도 그만큼 높아졌다. 전에 비해 물질적으로 훨씬 풍요로워졌지만 어느 순간 예기치 않은 경제 위기가 경제적 약자들을 절망으로 몰아간다. 이 불안정한 시대 속에서 그리스도인들은 믿음이 있으면 위기를 극복하고 평탄한 삶을 유지할 수 있을 것이라 착각하기 쉽다. 하지만 믿음은 그런 안정을 보장하는 손쉬운 도구가 결코 아니다.

착각에 빠진 우리들을 충격에 빠뜨리는 본문이 하나 있는데, 바로 히브리서다. 히브리서에는 믿음의 사람들의 계보가 나온다. 그들 믿음의 특징은 '취하고 얻은' 것이 아니라 '버린' 것에 있다. 그들은 고향을 '떠나서' 산속에서 '방황'했다. 그들은 수모, 고문, 결박을 당하고, 투옥되고, 심지어 돌에 맞아 죽고, 톱으로 죽임을 당했다. 그들에게 믿음은 성취가 아니라 약속이었다. 버림이고 희생이었다.

삶의 여정으로서 믿음은, 소유하지 못하고 잃어버려도 그분을 향해 신실하게 나아가는 것이다. 이것이 큰 믿음이다. 폴 틸리히(Paul Tillich)가 말한 것처럼, "믿음 안에 있는 불확실한 요소는 사라질 수

1.
내일이
닫힐 때

가 없다. 그리고 이 불확실성을 받아들이는 것이 용기다." 그렇다. 삶이란 본디 불확실한 것이다. 그래서 때로 우리는 궁극적인 존재를 의심하며 그분과 싸운다. 그리고 때로는 용기를 내어 그 불확실성을 끌어안기도 한다.

영원을 살다

"하나님, 제 인생의 꿈이 여기가 끝입니까?"

눈이 시뻘개지도록 분노의 눈물을 흘렸다. 울다 지치면 남은 힘을 다 모아 하나님께 삿대질을 했다. "일 좀 똑바로 하세요!" 마흔 중년 나이에 서른다섯 살 아내가 쓰러졌다. 이제 인생 40년 동안 가꿔 온 꿈을 접어야 할 것 같아 보였다. 내 어머니 역시, 교회를 개척하고 제대로 꿈을 펼치기도 전에 꿈이 꺾여 버린 아들을 보며 탄식하셨다.

"겨우 해볼 만하니까 우째 이런 일이…"

생각해 보면 나는 늘 가난했고, 위태로운 재정과 불안정한 주거 문제를 껴안고 살아왔다. 하지만 미래는 상황이 좀더 나아질 것이라는 믿음으로 여기까지 걸어올 수 있었던 것 같다. 당장은 눈에 보이지 않는 미래가 나를 살게 한 것이다. 아픈 현재를 살아가는 이들은 대부분 미래에 대한 희망으로 현재를 견딘다. 그런데 어느 날 갑자기 그 미래가 눈앞에서 꽝 닫혔다. 과거와 현재 역시 푯대를 잃고 어둠과 무의미 속으로 빨려들어 갔다.

그렇게 삶의 중심을 잃어버린 나에게, 어느 날 노래 하나가 떠올랐다. 80년대 암담한 대학 시절에 불렀던, 미래를 향해 힘차게 앞으로 나아갈 것을 고취하는 노래들과 달리, 이 노래는 미래에 대해 아무런 말도 하지 않았다. 조셉 스크라이븐(Joseph Scriven)이 작곡한 너무도 유명한 찬송가 "죄 짐 맡은 우리 구주"는 내가 미처 보지 못한 새로운 차원의 세상을 보여 주었다.

스크라이븐은 두 번의 약혼식을 올리지만 한 번도 결혼을 하지 못했다. 첫 약혼녀는 결혼 전날 데이트를 하러 나오다가 강물에 빠져 익사했고, 약혼녀를 잃은 그는 고향을 떠나 캐나다로 갔다. 10년 후 그곳에서 만난 약혼녀마저 병으로 잃은 후 그는 다시 고향 스코틀랜드로 돌아온다. 아들을 염려하는 어머니에게 그는 "어머니, 제게는 가장 좋은 친구가 있어요. 그러니 걱정하지 마세요"라고 말하며 자신이 만든 노래를 들려준다. 그는 두 번이나 약혼녀를 잃고서도, 이 노래를 부르며 친구이신 예수님에 대한 신뢰를 고백하고 있었다.

이런 진실하신 친구,

찾아볼 수 있을까.

우리 약함 아시오니,

어찌 아니 아뢸까.

Can we find a friend so faithful

Who will all our sorrows share?

Jesus knows our every weakness;

Take it to the Lord in prayer

  이 찬송은 내게, '이정표를 잃은 뒤에도 찾아가야 할 땅이 있다'는 분명한 사실을 가르쳐 주었다. 그곳은 미래에 도착할 땅이지만 현재에도 거하는 곳이요, 과거에 밟은 땅이지만 미래까지 이어지는 곳이었다. 이것은 시간에 대한 놀라운 깨달음이었다. 불투명한 삶에서 부른 한순간의 노래가 내 삶의 과거와 현재, 미래를 하나로 이어 주었다. 삶의 모든 순간이 영원으로 바뀌기 시작했다.

  나는 확실히 알게 되었다. 미래의 꿈이 분명히 보이지 않아도 영원을 살아갈 수 있다는 것을. 그리고 하나님을 사랑하며 사는 삶이 우리의 꿈이어야 한다는 것을. 시야가 넓어지자, 미래만 보는 눈이 현재로 향했다. 계획에 집착하던 것에서 현재의 순종으로 중심이 바뀌었다. 그래, 꿈보다 사랑이 먼저였다. '도대체 이런 상황에서 무슨 꿈을 꾸겠냐'며 울컥하는 나에게 하나님은 조용히 말씀하신다.

"병년아, 꿈꿀 수 없는 상황에 불안해하지 말고 나를 사랑하렴. 내 사랑이 너를 꿈꾸게 할 거야. 너를 통해 내 꿈을 이루어 갈 거야."

눈물이 쏟아진다. 미래에 대한 환상을 벗으면 영원으로 발을 디딜 수 있다. 내일에 집착하는 불확실한 삶에서 오늘을 누리는 삶으로 나아갈 수 있다. 나는 오늘도 영원을 걷는다. 그분을 갈망하며, 그분을 사랑하며.

2 가시에서 꽃이 핀다

갈라진 틈은 빛이 들어오는 길이다.
_십자가의 성 요한

라디오 방송에서 어느 목사의 설교를 들었다. 고통받는 삶을 예쁜 장미꽃에 비유하면서, 장미에는 가시와 꽃이 다 있지만 가시는 보지 말고 꽃만 보는 것이 좋다는 설교였다. 그러면 반드시 인생의 꽃이 핀다고. 속으로 피식 웃었다. 엄연히 있는 것을 없다고 가르치다니…. 이런 엉터리! 속에서 점점 울화가 치밀었다. 마치 내가 삶의 밝은 면을 보지 않는다고 꾸짖는 듯해서 듣기가 싫었다. 삶에는 도저히 바꿀 수 없는 것들이 있는데, 그것들을 바꾸라고 우격다짐하는 설교가 거북했다. 나는 지금 가시에 찔려 아픈데 그 아픔을 억지로 무시하고 없는 듯 생각하라고, 꽃피는 미래만을 바라보며 현재를 살라고 가르친다. 하지만 미래에 꽃이 피든 어떻듯 상관없이, 나는 지금 아프다.

내가 경험한 인생은 늘 안정과 불안정이 뒤섞인 인생이다. 영광과 수치가 함께 있다. 그래서 누군가는 인생을 '흔들리며 피는 꽃'이라고 했던가. 수치, 불안정, 질병을 갖고 싶은 사람은 없지만, 버리고 싶어도 버릴 수 없는 것들이 있다. 그런데 사람들은 이런 불가피한 고통을 세상에서 사라져야 할 악으로 치부한다.

하지만 폴 투르니에(Paul Tournier)는 「고통보다 깊은」(IVP)이라는 책에서, 고통을 바라보는 새로운 눈을 열어 준다. 그는 고통을 애써 무시하고 삶의 긍정적인 측면만 보려 하기보다는 삶의 한 과정으로 받아들여야 한다고 말한다. 그리고 "시련 앞에서 올바르게 반응하는 사람은 성숙하고 창조적으로 변할 수 있다"고 덧붙인다. 참 놀랍다. 고통을 과정으로 수용하면 인생에서 창조적인 결과가 나타난다.

장미에는 꽃도 있고 가시도 있다. 찔려 본 사람은 알겠지만, 장미 가시는 유독 단단하고 날카롭다. 아름다운 오월의 장미를 볼 때마다 제발 그 사나운 가시는 없었으면 하는 생각이 들 때가 한두 번이 아니다. 하지만 이런 태도는 창조에 나타난 생명의 신비를 보지 못하고 스스로 창조주가 되려는 오만이다. 실제로 장미는 꽃보다 먼저 가시로 싹튼다. 새싹이 나와 줄기를 형성하고 가시가 돋고 꽃을 피운다. 이 모든 것은 연속적인 과정을 이루고 있다. 가시와 꽃은 우리가 나누고 싶어도 나눌 수 없는 창조의 영역이다. 가시가 꽃을 피운다. 장미꽃으로 삶을 은유한다면 어떤 부분을 버리고 어떤 부분을 취할 수 있을까. 그러니 고통이라는 가시를 떼어내고 행복이라는 꽃만 가지는 것은 불가능하다.

이스라엘 땅에는 다양한 종류의 가시나무가 자란다. 우리가 알고 있는 상수리나무도 잎 끝이 가시처럼 뾰족하기 때문에 가시나무라 불린다. 이 상수리나무가 이스라엘 땅을 덮는 것은 황폐함을 상징한다. 그러나 이 상수리나무는 동시에 회복을 상징한다. "밤나무와 상수리나무가 베임을 당하여도 그 그루터기는 남아 있는 것같이"(사 6:13). 가시를 가진 이 나무는 단풍이 화려하게 들지는 않지만 잎이 떨어지기 전에 새순이 또 나온다. 그래서 성경은 상수리나무를 멸망의 상징이자 희망의 상징으로 사용했다.

아픈 아내 곁에서 아이들이 자란다. 큰 여자는 넘어졌지만 작은 여자 둘은 무럭무럭 자라고 있다. 마치 큰 상수리나무는 베임을 당했어도 그루터기가 남아 다시 새순이 돋는 것처럼.

하나님께 찔리다

집회에 여러 번 다녔어도 이런 강사를 만나 본 적이 없다. 말 한마디 건네지 않았는데도 첫 만남에 그만 반해 버렸다. 너무 아름다워서. 너무 따뜻해서. 너무 성숙해서. 만나자마자 "김병년 목사님이시죠"라고 말씀하신다. 그분은 내가 코스타 강사인 것을 알고, 인터넷에서 나와 관련된 자료를 다 찾아 읽고 강사를 위한 중보기도를 하셨단다. 나는 내 강의 준비에도 바쁜데 말이다. 그분은 내가 쓴 책을 다 읽으셨다고, 책을 읽으며 우셨다고 한다. 그리고 그날 저녁 설교를 듣고 또 우셨다.

"김 목사님, 하나님께 뽑히셨어요. 하나님이 찍었어요."

너무도 젊은 내가 겪어야 하는 애절한 아픔에 스며들어 있는 하나님의 영광을 알지만, 하나님께 뽑혀 찔려야 하는 아픈 삶을 알기에 그분은 또 우셨다.

그렇다. 하나님이 가시였다. 찌르는 가시. 신앙이 성숙하려면 자신에게 실망하고 사람에게 실망하고 마지막으로 하나님께 실망해야 한다지만, 하나님이 가시가 되어 찌르는 그 아픔은 육체의 고통보다 더 고통스럽다. 하나님이 가시라는 사실을 알기까지는 삶이 혼란스러웠지만 그 사실을 알게 되자 마음이 홀가분해졌다. 하나님께 안 찔려도 삶이 아프고 하나님께 찔려도 아프다. 가만히 돌아보면 이래저래 아픈 삶이다.

성경에서 하나님을 가시라 고백한 한 여인을 만났다. '기쁨'이라는 뜻의 이름을 가진 나오미였다. 그녀는 모압을 떠나 고향으로 돌아와 "전능자가 나를 심히 괴롭게 하였다"며 '마라'라는 이름으로 개명했다. 하나님이 괴롭히기에 얼마나 더 아프고 쓰라렸을까…. 나도 나오미를 보며, "하나님, 나 좀 그만 때려요!" 하고 통곡하던 날을 떠올린다. 아내의 다리에 화상을 입어 입원했을 때였다. 의사가 단도직입적으로 다리를 절단해야 한다는 진단을 내렸다. 병원 안 성당에 앉아 손가락을 치켜들고 악을 쓰고 울며 대들었다.

"하나님, 나 좀 그만 때려. 내가 뭘 잘못했는데. 나, 하라는 대로 다 했잖아!"

예언자들은 하나님께 찔린 사람들이다. 그들은 고통에 민감해서 작은 아픔을 크게 느끼는 감각이 있었다. 사람들은 사회적 불의를 당연하게 여겼지만, 예언자들에게 그것은 하나님이 내리신 진노였다. 그들의 눈은 늘 불의로 인해 고통받는 인간에게로 향했고, 자연히 온몸으로 고통받을 수밖에 없는 사람들이었다. 한마디로, 그들은

2.
가시에서
꽃이 핀다

우리를 '빈민굴로 데려가는 사람'이었다. 그들은 고통을 있는 그대로 받아들이고 부딪히는 사람들이었기에, 눈에서 불이 나오고 입에서는 이스라엘을 향한 그토록 엄혹한 심판의 메시지가 쏟아져 나왔다.

그중 한 명의 예언자가 바로 예레미야다. 그는 삶 자체가 고통이었던 사람이다. 예레미야서 20:7은 그가 하나님께 뽑히고 찔린 자임을 알려준다. 「예언자들」(삼인)이라는 책에서 아브라함 헤셸(Abraham Heschel)은 다소 충격적인 단어들을 가지고 이 본문을 번역한다. "오 야웨여, 주님은 저를 꾀어 내셨습니다. 저는 꾐에 넘어갔습니다. 주님은 저를 강탈하셨습니다. 저는 당했습니다." 헤셸은 '꾀다'라는 단어를 결혼 전에 '성행위를 승낙하도록 설득, 유도하는 것'을 의미한다고 했다. 또 '당하다'는 말의 뜻을 '강압적인 성행위'로 보았다. 즉 이 두 단어는 '유혹의 달콤함과 강간의 난폭함'을 동시에 보여 주는 단어다. 예언자들의 소명은 한편으로는 하나님으로부터 오는 기쁨과 즐거움을 지니고 있지만, 다른 한편으로는 하나님의 힘에 전적으로 압도되어야 한다. 이처럼 하나님의 가시는 즐거움과 강압성, 친밀함과 고통을 동시에 가지고 있다.

어떻게 보면, 나도 하나님께 뽑혀 남들이 알지 못하는 우정을 하나님과 쌓고 있는 사람인 것 같다. 나를 좋아하시는 하나님이 나의 아내를 찌르고, 나의 삶을 아주 곤란하게 하신다. 이전에는 주로 말씀을 통하여 하나님의 임재를 누렸지만, 지금은 고통으로 신음하고 아파하는 삶 속에 그분이 임하신다.

밤이면, 아이들이 갖고 놀던 책이나 장난감을 정리하다 내팽개치고 아이들을 재우러 들어간다. 다시 나와서 거실 정리를 하다 속에서 울컥 성질이 난다. 하루 종일 뒷바라지, 뒷정리하는 내 모습이 너무 싫어서 말이다. 잠자는 아이들을 다 깨울까. 깨워서 정리하고 자라고 할까. 혼자서 분노에 가득 차 온갖 생각을 하며 주섬주섬 물건들을 치운다. 허리를 굽혀 걸레질을 하다 그만 윽, 하고 무릎을 꿇는다. 그때 "나도 네 뒷바라지 하느라 힘들다"는 주님의 음성이 들린다. 내가 하루 종일 친 사고를 뒷바라지하시느라 주무시지 않는 하나님을 만난다.

교회 개척 이후 6년이 지나 무언가를 좀 시도해 보고 싶어 어느 교회 성장 세미나에 참석했다. 그리고 거기서 베테랑 목자로 섬기는 집사님을 만났다. 나의 사정을 다 들은 집사님은 이렇게 말씀하셨다. "목사님, 하나님이 목사님을 질투하세요. 목사님이 아내를 너무 사랑해서, 하나님보다 더 사랑하는 것을 아프게 함으로 그분에 대한 사랑을 확인하시죠." 내가 아내를 사랑하는 것이 뭐 그리 대단하다고. 난 아내를 잘 사랑하지 못하는 미숙아인데. 하나님이 질투할 정도는 아니라고 보는데. 아내를 향한 나의 빈약한 사랑마저 질투할 정도로 하나님은 사랑받고 싶으신 분인가. 하나님이 사랑받고 싶어서 안달이 나셨구나.

온갖 투정을 다 해도, 나는 여전히 그분을 알 수 없다. 어쨌든 하나님이 나를 너무도 깊이 사랑하신다는 사실도, 지금 내가 가시에 찔려 피를 흘리고 있다는 사실도 모두 부인할 수 없다. 십자가의 대못에 못 박힌 하나님이 내 인생에 대못 하나를 박았다. 그리고 나는 그 못을 도저히 뺄 수가 없다.

고통에서 피어나는 거룩

비행기 사고로 형을 잃은 상담가 래리 크랩(Larry Crabb)은 "살인적인 고통을 견뎌낼 때 신학은 풍요로워진다"고 말했다. 나 역시 긴 여정을 통해 그것을 발견하는 중이다. 두 번의 큰 아픔 속에서 하나님의 존재가 더욱 깊이, 더욱 빈번하게 드러나기 시작했다. 길을 가다가, 잠을 자다가, 울다가, 웃다가, 욕을 하다가, 끙끙대다가, 심지어 짜증을 내는 중에도… 나는 아픔과 상실, 즐거움과 고통이 뒤엉긴 일상을 살아가면서 더 깊이 하나님의 임재를 느끼고, 존재한다는 것의 의미를 새롭게 발견한다.

나를 포함해 많은 사람이 고통은 불합리한 것이라 믿는다. 고통은 우리의 정상적인 삶, 계획된 삶을 제대로 영위하기 위해 삶에서 제거해야 할 장애물이다. 우리는 '도대체 당신이 살아 계시다면 어떻게 이럴 수가 있느냐!' 혹은 '선하신 하나님이 이렇게 하실 리가 없다'는 사고에 묶여 있다. 그러니 자연스럽게, 인생을 행복과 고통의 대치 구도로 보는 삶에는 하나님이 계실 자리가 없다. 하지만 내가 알게 된 것은, 우리가 추구하는 행복보다 그리고 불가피하게 겪는 고통보다 더 중요한 분이 계시다는 사실이다. 그분은 바로 하나님이시다. 또한 이 하나님은 거룩한 분이시고, 거룩이야말로 우리 존재의 의미다. 우리가 이 땅에 살아가는 것은 행복하기 위함이 아니라, 거룩한 존재가 되기 위함이다. 그리고 고통보다 그 사실을 분명하게 가르쳐 주는 도구는 없다.

새벽에 눈을 떠서 아내의 기저귀를 간다. 한 번으로 끝나면 굉장히 기쁜 날이다. 하지만 하룻밤에 기저귀 교체가 여러 번 반복되면 화가 치민다. 어쩌다 대변이라도 보면 불끈 신경질이 난다. 거의 매일 밤 자는 둥 마는 둥 하다 보니 나는 늘 몽롱한 상태에서 하루를 시작한다. 나에게 하루해가 너무도 길다. 어쨌든 나도 이제 제법 능숙해져서, 예전에는 기저귀를 벗겨야 대소변 여부를 알 수 있었던 것이, 기저귀 겉만 만져 봐도 대충 알 정도가 되었다. 기저귀가 미끌미끌하면 소변이다. 그리고 묵직하면 소변을 두 번 한 것이 틀림없다.

하나님은 고통과 약함을 싫어하던 나에게 병든 아내를 맡기셨다. 아이들이 자라는 데 성장통이 필요하듯, 병든 아내와 함께 살기로 결심한 나는 그에 필요한 성장통을 반드시 거쳐야 했다. 사랑이 뭔지 지독히도 몰랐던 내가 사랑의 수고로 몸살을 앓기 시작했다. 이 고통을 통해서야 비로소 나는 사랑을 배운다. 거룩한 사랑의 꽃을 피울 싹이 조금씩 올라오는 중이다.

이것을 내가 내 마음에 담아 두었더니.

그것이 오히려 나의 소망이 되었사옴은.

여호와의 인자와 긍휼이 무궁하심으로

우리가 진멸되지 아니함이니다.

이것들이 아침마다 새로우니

주의 성실하심이 크시도소이다. (애 3:21-23)

　예레미야는 자기 민족과 자신의 삶이 너무 아파서 생각할수록 낙심이 되었다. 그러나 그 고통을 마음에 담아 두었더니 소망이 되었다고 고백한다. 이 고통으로 우리는 결코 진멸되지 않는다. 오히려 아픔 속에서 드러나는 하나님의 긍휼은 지극히 크고 성실하다. 고통을 품고 인내함으로써 하나님의 긍휼을 만나고, 오직 그 하나님의 성품에서만 우리는 소망을 발견한다.

　예수님이 쓰신 면류관에 사용한 가시로 추정되는 '아타드 가시'의 나무는 밀밭 사이에서 주로 자라며, 추수하는 농부들의 휴식처라고 한다. 우리 문화에서는 가시나무 아래서의 휴식을 상상할 수 없지만, 이스라엘 사람들은 무성한 아타드 가시나무 그늘 아래서 쉬었다는 기록이 성경에 나온다(삿 9:15). 이 얼마나 놀라운 상징인가! 찌르는 가시가 인간에게 안식을 준다. 또한 예수님의 머리를 찔러서 흐르는 피가 우리를 구원하였으니 이 가시는 죄인들에게 영생을 선물하는 가시다. 이와 같은 역설이 또 있을까. 우리의 구원을 이루는 데 그 가시나무가 사용되다니. 이것이 십자가다. 가시에서 꽃이 핀다. 가시에서 구원을 맺는다.

2.
가시에서
꽃이 핀다

3 상한 갈대처럼

풀은 갓 베었을 때 향기가 짙어진다.
사람은 상처가 있어야 향기가 짙어진다.
_김홍신

한 차례 거대한 폭풍이 휩쓸고 지나간 내 삶은, 이후에 찾아오는 수많은 미풍에도 끊임없이 흔들렸다. 바람이 부는 순간마다 마음이 휘청거렸다. 아내가 기침 한 번 하지 않고 자는 밤에도 삶이 무서워서 혼자 울었다. 잠자는 세 아이의 얼굴에서 나오는 천진난만함에도 속울음을 터뜨렸다. '엄마의 손길이 얼마나 그리운 나이인데…' 엄마의 손길이 가장 필요했던 순간에 엄마와 떨어져 산 막내 윤지는 아빠와 언니, 오빠가 있어도 혼자서 머리를 감는다. 혼자서 옷을 찾아 입는다. 혼자서 집을 지킬 때도 있다. 가끔 여덟 살 아이가 "너무 쓸쓸합니다. 너무 쓸쓸합니다"라는 말을 처연하게 내뱉는다. 그럴 때면 내 마음도 처연히 바닥으로 곤두박질한다.

심한 기침에 가래를 빼 주고 대소변을 받아내는 잠들 수 없는 밤에는, 이유도 알 수 없는 짜증이 몰려와 아내에게 분노를 퍼부었다. 한 번의 폭풍보다 솔솔 부는 미풍에 삶이 더 서러웠다. 인생 지긋하게 산 주름진 얼굴의 누군가가 와서 내 손을 잡으며 '나, 네 마음 안다'고 한마디만 하면 금방 울음을 터뜨릴 것 같았다. 신경이 마비되어 무표정한 얼굴에 화상으로 다리를 상실한 내 아내는 부러진 갈대 같았고, 그 옆에서 남편인 나는 상한 갈대처럼 비틀거리고 있었다.

그래, 내 인생을 갈대라는 말보다 더 잘 표현할 수 있는 비유는 없을 것 같다. 파스칼이 "자연에서 가장 연약한 한 줄기 갈대"에 지나지 않는 존재가 인간이라고 했듯, 나는 처절히 연약한 존재가 되어 이리저리 휘청대고 바닥에 널브러진 인간이었다. 죽음의 냄새를 맡으며, 아무런 기백 없이 고꾸라져 있는 허약한 인간…. 또 시인 신경림의 표현대로라면, 갈대는 인간의 속울음을 나타낸다. 갈대의 흔들림은 슬퍼서 우는 제 울음이다. 그러고 보면, 나뿐 아니라 세상에 존재하는 모든 인간이 슬픔을 감추고 속울음을 우는 갈대 같은 존재인 건 아닐까. 영원히 흔들리는 연약한 갈대 같은 존재.

바사르

히브리어로 '육체'를 의미하는 단어는 '바사르'다. 바사르는 동물이나 사람에게 사용되는 단어로, 결코 하나님과 관련해 사용되지 않는다. 바사르는 '그 자체로 허약하고 몰락할 운명'이라는 특징이 있다. 즉 하나님과 대조할 때 인간은 무력하고 의지하지 못할 존재다. 바사르는 언제나 인간 능력의 유한함과 불충분함을 묘사하고, 신의 위대하고 믿을 만한 능력과 대조된다. 바사르는 '본질적으로 몰락할 인간'이다. 바사르와 완전히 대조되는 것이 바로 '루아흐', 하나님이 부어 주시는 영이다. 하나님의 루아흐가 부어지지 않으면, 인간은 결국 몰락하게 된다.

어느 날 아내가 심하게 통증을 호소한다.

"어디가 아픈데?"

답답한 나도 아내에게 신경질적으로 물었다. 아픈 아내가 아파하는 것을 보면서 부아가 치민다. 아내에게 신체 부위를 구간별로 나누어서 묻는다.

"머리?" 아니다.

"그럼 가슴이나 배가 아파?" 아니다.

"그러면 다리?"

그렇단다. 찔끔한다. 다리를 자세하게 관찰하지만 특별하게 상처 난 부위를 확인할 수가 없다. 다시 다리 쪽을 세분해서 묻는다. 발가락, 발목, 무릎, 엉덩이, 차례대로 올라간다. 엉덩이에서 눈을 찔끔거린다. 엉덩이라면 언제나 욕창을 걱정하는 부위다. 욕창도 없는데. 내가 아내의 아픈 부위를 찾으려고 씨름하는 동안 아빠를 지켜보던

큰딸이 한마디 툭 던진다. "아빠, 엄마가 침대에서 떨어진 것을 할머니와 두 번이나 올렸어." 눈에서 불이 튀었다.

늘 교제하는 형님뻘 되는 한의사가 한 말이 기억났다. "김 목사님, 이런 환자는 떨어지면 위험해요. 반드시 골절상을 입어요. 이런 환자들은 골다공증이 올 가능성이 아주 높아요. 침대에서 떨어지지 않도록 조심하세요." 딸을 병원에 데려가기를 극도로 싫어하시는 장모님을 피해 종합병원에 가서 진찰을 받았다. "골반 뼈가 부러졌고 지금은 위골된 상태로 붙고 있는 중입니다."

그때부터 아내의 다리가 자꾸 어긋난다. 이전에는 없던 일이다. 두 다리가 무릎에서 부딪히고 엑스 자로 꼬인다. 돌아오는 차 안에서 엄청 울었다. 아파도 부러져도 아무 소리도 못하는 아내가 불쌍하다. 아내도 울고 나도 울었다. 약한 자는 더 부서지기가 쉽다. 병든 자는 더 쉽게 부러지고 깨진다.

혈관이 막혀 마비된 신경, 남편의 부주의로 잃은 한 쪽 다리, 장모님의 부주의로 부러져 위골된 골반 뼈, 살이 썩어 곪은 욕창… 나는 내 아내에게서 바사르를 본다. 그렇다. 사람의 몸은 바사르다. 소멸하는 존재다. 빨리 죽든지 천천히 조금 더 살다가 죽든지. 남보다 하루 더 살든지 1년을 더 살든지, 그 차이뿐이다. 삶의 과정으로만 보면 태어남은 죽음으로 이어지는 출발점이다. 부서지는 재료로 만들어진 인간은, 호흡만 끊어지면 아무리 강건한 사람도 먼지로 흩어진다.

은혜

세상은 약한 것을 싫어한다. 약해서 흔들리고 넘어지는 것보다 강한 발로 당당히 서는 것을 더 좋아한다. 그리고 약해 보이는 것들을 짓밟고 조롱하고 무시한다. 호흡하고 있지만 스스로 움직일 수 없어서 철저히 타인의 도움에 의존하는 내 아내는, 이런 험악한 세상에서 어떻게 살아가야 할까. 내 아내 역시 아프기 전에는 남에게 짐 지우기를 무척 싫어하는 성격이었는데, 이런 상태에 처한 것을 얼마나 속상해하고 있을까. 도대체 그녀가 이 땅에서 살아간다는 것은 어떤 의미일까.

우리는 성경에서 상한 갈대를 마구 꺾고 짓밟는 자들의 이야기를 듣는다. 그중 가장 끔찍한 이야기는, 죽어가는 메시아를 갈대로 때리고 조롱하고 수치를 준 로마 군인들 이야기다. 하지만 하나님은 그와 정반대의 모습을 보여 주신다. 성경은 바벨론에 포로로 잡혀

간 이스라엘 공동체를 상한 갈대에 비유하는데, 여호와의 종은 '상한 갈대를 꺾지 않는 분'으로 묘사된다. 종은 온유하고 겸손했다. 아픈 자들을 대하는 종의 태도는 너무도 부드럽고 신중했다.

> 그는 외치지 아니하며 목소리를 높이지 아니하며,
> 그 소리를 거리에 들리게 하지 아니하며
> 상한 갈대를 꺾지 아니하며,
> 꺼져 가는 등불을 끄지 아니하고
> 진실로 정의를 시행할 것이며. (사 42:2-3)

온 세상에 정의를 회복하라고 명령하시는 그분은, 불의에 시달리는 약한 자들을 향해 끊임없는 연민을 보내셨다. 죄를 미워하시는 그분은 연약함을 사랑하셨다. 악인들을 저주하며 그들에게 분노하시면서도, 자신을 거부하는 이스라엘을 향하여 울며 기다렸다. 이것이 하나님께 범죄하여 심판을 받아 포로로 끌려가는 자기 백성을 향한 하나님의 마음이다.

약한 자들은 약하기 때문에 이와 같은 하나님의 신실한 사랑을 매일 맛본다. 하나님은 놀라운 방식으로 약한 자들을 보호하신다. 인간의 눈으로 보기엔 금방 꺼져 버릴 것 같은 생명인데, 하나님은 그 생명을 오늘도 지탱해 주신다. 그러니까, 내 아내를 오늘도 살게 하는 것은 한방에 몸을 일으키게 하는 마법 같은 건강식품이 아니라, 매일 반복되는 그분의 신실한 사랑이다.

운동 없이 가만히 누워 있는 아내는 혈액순환이 느리고 체온은 정상인보다 1-2도 낮다. 손발이 차고 피부는 약간 푸르죽죽하다. 손목과 발목은 안쪽으로 오그라든다. 호흡을 하지 못하는 눈은 가끔 빨갛다. 그럼에도 불구하고 8년의 긴 시간 동안 그 허약한 몸으로 큰 합병증 없이 지내 왔다. 하나님의 은혜가 그녀를 살게 한 것이다.

질병으로 오랫동안 고생하는 나이 어린 친구가 문자를 보내 왔다. "목사님, 오늘 이런 생각이 들더군요. 아직 다 안 살았고 끝이 아니라는 걸 알지만, 중간쯤 온 이때 기적을 한 번 보았으면 좋겠다고요. 언제까지 없는 사람은 더 궁핍하고 어렵고, 잘되는 인간은 끝까지 잘되며, 살아 보겠다고 열심히 아둥바둥하는 아이는 아파서 누워 있어야 하는지… 현실이 너무 비루한 것 아니냐고, 정말 믿을 수 없는 기적이 눈앞에 보여야 다시금 힘이 나지 않겠느냐고요. 그리고 그 기적이 사모님께 일어났으면 좋겠다고요."

우리는 이런 '비루한 현실'에 분노한다. 나 역시 그렇다. 하나님이 인간을 고통 속에 계속 두시는 이유를 나는 잘 모른다. 한편으로, 약한 자들을 포기하지 않으시는 이유도 잘 모른다. 그래도 이런 비루한 현실에 분노하는 우리가 서로를 위해서 기도하며 함께 가고 있다. 살아 있다. 아무것도 변화되지 않는 상황 속에서도 그저 살아가는 우리들이 기적 그 자체다. 새 창조로 연약함을 강건하게 바꾸는 것이 아니라, 연약한 것을 계속 연약함 속에서 보호하신다. 그것이 기적이다.

연약함이 보여 주는 기적은 또 있다. 내 아내는 오랫동안 누워 있어 다리가 기역 자로 완전히 꺾이고 어깨도 마치 탈골이 된 것처럼 근육 이완으로 균형을 잃은 모습이다. 그러나 우리를 방문하는 사람들마다 아내의 모습을 보며 위로를 받는다. 볼품없는 아내의 상태를 보면서 역설적으로 희망을 발견하고, 어떤 이들은 회개를 하기도 한다. 깊은 울음을 터뜨린다. 그녀는 아무 말을 하지 않는데도 사람들이 위로를 받는다. 아픈 자가 위로하고, 병든 자가 강한 자를 품어 준다. 장애인이 비장애인에게 용기를 준다. 안식을 준다. 이렇듯 하나님은 약한 사람을 통해 강한 자를 위로한다.

헨리 나우웬(Henri Nouwen)은 하버드 대학교의 교수직을 내려놓고 장애인 공동체인 라르쉬 데이브레이크에 들어가던 첫 해에 아담을 만났다. 나우웬은 그 장애인 청년 아담의 연약함을 통해 복음과 하나님의 사랑을 새롭게 깨달았고, 끝까지 그를 자신의 스승이자 인도자로 여기며 함께 지냈다. 아담이 죽었을 때 나우웬은 이런 놀라운 고백을 한다.

"여기, 내가 보살피도록 요청을 받았지만 너무도 믿을 수 없는 방법으로 나를 자기 삶과 마음으로 데려간 사람이 있습니다. 내가 아는 가장 연약한 사람인 동시에 가장 강한 사람이 여기에 있습니다."

흔들리며 자라다

소설가 유영갑의 산문집 「갈대 위에는 눈이 쌓이지 않는다」(삶창)를 보면, "흔들리는 갈대에 눈이 쌓이지 않듯 그들 마음의 거울에 때가 낄 틈이 없을 것이다"라는 설명이 덧붙은 사진이 나온다. 그는 흔들리는 갈대를 선방에서 도를 닦는 남자들의 마음으로 표현한다. 흔들리기에 눈이 쌓일 수 없고, 흔들리기에 무엇이든지 머물지 못한다. 흔들리기에 깨끗하다. 너무나 약해서 이리저리 흔들리더라도, 역설적이게도 그 흔들림이 나를 온전하게 하고 세상으로부터 때 묻지 않게 한다.

시인 도종환은 흔들리는 인생을 꽃에 비유한 아름다운 시를 들려준다.

흔들리지 않고 피는 꽃이 어디 있으랴.
이 세상 그 어떤 아름다운 꽃들도
다 흔들리면서 피었나니
흔들리면서 줄기를 곧게 세웠나니
흔들리지 않고 가는 사랑이 어디 있으랴.

젖지 않고 피는 꽃이 어디 있으랴.
이 세상 그 어떤 빛나는 꽃들도
다 젖으며 젖으며 피었나니
바람과 비에 젖으며 꽃잎 따뜻하게 피웠나니
젖지 않고 가는 삶이 어디 있으랴.

흔들린다고 두려워 말라. 젖었다고 향기 없는 삶이 아니다. 고통으로 인한 흔들림이 인생을 하나님께 단단하게 고정시킨다. 흔들리고 젖어도 줄기가 자라고 꽃이 핀다. 흔들림이 인생을 자라게 한다.

2부

천천히, 함께, 그날까지

4 임마누엘

하나님은 지구를 사랑한 꽃별이다.
그분은 사람과 지구를 너무 사랑하셔서
인간이 되기로 하셨다.

아내는 사람들을 좋아했다. 사람들도 아내를 좋아했다. 그래서 그런지 아내는 말수가 적음에도 언제나 대화 중심에 있었다. 아프기 전에 아내는 사람들의 이야기를 듣고 기억하고 기도하는 사람이었다. 아내가 있는 집에는 늘 많은 사람들이 들락거렸고 나눔과 교제와 기도가 넘쳐났다. 그렇게 웃음과 대화로 가득 찼던 집은 아내가 아픈 뒤 몇 년 동안 쥐 죽은 듯 고요했다. 찾아오는 이가 확 줄었다. 아니, 거의 없다. 가끔은 사람들에게 버림받은 것 같은 느낌도 들곤 했다.

하지만 이보다 더 큰 문제는, 남편인 내가 아내의 방이 싫어진다는 사실이었다. 방에 들어가면 코끝에 닿는 냄새부터가 싫었다. 환자의 냄새. 그건 어쩌면 간호를 잘못해서 나는 냄새인지도 몰랐으나 내게는 혐오스럽게만 느껴졌다. 게다가 아내의 방에서만 나는 것이 아니라, 현관문을 열자마자 구릿한 냄새가 풍겼다. 창문을 꽁꽁 닫는 겨울철이 되면 냄새가 더욱 심했다. 집안은 온통 빨래 삶는 냄새와 대소변을 잘 처리하지 못해서 나오는 냄새로 뒤엉켜 '여기 환자가 있어요' 하고 소리치는 것 같았다. 그리고 내 마음도 소리쳤다.

이런 환경이 너무 싫다고 말이다.

가정에서 중환자를 간병하는 일은 결코 쉽지 않다. 온 가족이 다 스트레스를 받는다. 항상 환자를 의식해야 하는 마음은 늘 쉴 곳을 찾아 허덕였다. 낮에는 간병인들이 있어 그나마 수월하지만 밤이 되면 긴장이 몰려온다. 아내가 아프면 어떡하나, 예기치 못한 일 때문에 힘들어지면 어떡하나 하는 두려움이 어둠과 함께 내 마음을 삼킨다. 내 실수로 아내의 발에 화상을 입힌 사건 이후로, 아내에게 취하는 모든 행동들에 대해 두려움이 생겼다. 내 손이 닿는 곳은 다 상처를 입을 것 같았다.

밤마다 나를 잠들지 못하게 하는 일이 또 있다. 바로 아내의 기저귀를 가는 것! 잦을 때는 한 시간에 두 번이나 교체할 때도 있다. 조금만 잠을 설치면 내가 왜 당신의 뒷바라지를 해야 하냐며 누운 아내에게 볼멘소리를 한다. 그러다 대변이라도 보면 더욱 예민해진다. 한 방 크게 싸는 것은 괜찮다. 그러나 닦아 주고 뒷정리를 할 때 찔끔 대변을 보면 더 화가 나 쏘아붙인다. '아, 사람이 염치가 있어야지!'

하지만 장모님은 딸의 대변도 달다고 말씀하신다. 막 태어난 신생아의 똥처럼 달콤한 그 똥을 늘 즐겁게 닦아 주신다. 그러나 난 아직도 아내의 대변이 꿀송이로 받아들여지지 않는다. 비록 아내의 똥이라도 내게는 아직 똥일 뿐이다. 아내의 기저귀를 교체할 때면 냄새난다고 아들이 코를 막는다. 기저귀를 둘둘 말아 아들에게 던지면, 아들은 또 냄새난다고 소리친다. 나도 이 기저귀가 싫다. 장모님처럼 나도 사랑으로 똥을 꿀송이로 감당하면 좋으련만.

사모님이 정말 원하는 것은…

저자의 유명세와 특이한 제목에 이끌려, 파울로 코엘료(Paulo Coelho)의 「11분」(문학동네)이라는 소설을 읽었다. '11분'은 외로운 남자들이 홍등가를 찾아와서 욕망을 해소하는 시간 길이를 말한다. 내가 느낀 것은, 강렬한 욕망에 비해 연인 옆에 머무는 시간이 너무 짧다는 것이었다. 연인 옆에 머물 수 있는 시간은 강렬한 성적 충동을 해소할 때까지뿐이다. 충동이 만족되는 순간 머묾도 끝이다. 결국, 진정한 사랑이 아니고서는 그 무엇도 상대방 곁에 지속적으로 머물게 하지 못한다.

나도 마찬가지다. 이전부터 나라는 사람은 '침대는 공유하지만 감정을 나눌 줄 모르는 인간'이었다. 난 항상 분주했다. 일을 가지고 집으로 돌아왔고, 누구 말처럼 아내를 두고도 핸드폰과 더 많은 대화를 하곤 했다. 그때를 돌아보면, 아내와 함께 있는 시간보다 아내를 집에 두고 다니는 시간이 더 많았다. 아내가 쓰러지고 난 지금에 와서야, 나는 내가 얼마나 지독한 일중독자인지 알아 가고 있다. 나는 가만히 머물기보다는 움직이는 것을 좋아한다. 사랑의 수고가 가만히 있는 것보다 낫다고 생각한다. 한 사람에게 집중하는 것보다 그를 위해 일하기를 더 좋아한다. 분명히 사랑에는 수고가 필요하다. 그러나 나는 사랑의 수고를 하면서도 정작 그 대상을 사귀지 못하는 몹쓸 습성을 갖고 있다.

나는 지금도 여전히 그런 습성을 버리지 못하고 있다. 아내 돌보는 일을 누군가에게 맡기고 돌아다닌다. 누군가 아프면 그 곁에 있어야 하는데 난 아픈 아내를 두고 잘도 돌아다닌다. 그를 외롭게 하면서 말이다. 열정, 비전, 소명이라는 말로 나를 위장하고, 가끔은 재정적인 위기를 핑계 대면서. 아내가 맡아 왔던 일들이 고스란히 내게 쏟아지자 나는 그 모든 것을 다른 사람에게 위임했다. 내가 직접 하기보다는 돈을 주고라도 다른 사람에게 집안일을 맡겼다. 그들이 아내를 돌보고 아이들도 양육해 주기를 바랐다. 어쩌면 내 본성이 집에 가만히 있는 것을 견디기 힘들어했는지도 모른다. 가정에 머무르면 꿈이 없는 사람 같고, 죽은 사람처럼 느껴졌기 때문에…

한 집사님이 늦은 밤에 찾아왔다. 위암 수술을 하고 어려움을 겪고 있는 분이었다. 고통 속에서도 신실하게 하나님 말씀에 순종하고, 연약함 속에서 얻은 영적 분별력과 삶 속에서 익힌 지혜가 있는 경건한 분이셨다. 그가 단도직입으로 나에게 물었다.

"목사님, 사모님이 제일 원하는 게 뭘까요?"

나는 어리둥절했다. 약간은 더듬거리며 "글쎄"라고 대답했다. 속으로는 '뭘 원해, 일어나길 원하겠지'라며 피곤한 목소리를 삼켰다. 집사님은 단호하게 말한다.

"사모님이 원하시는 건 목사님이 집에 함께 계시는 거예요. 맞죠, 사모님?"

아주 강한 어조다. 옆에서 듣고 있던 아내가 눈을 찔끔한다.

"그것 보세요." 마치 두 사람이 미리 입을 맞춘 것처럼 대답한다. 아내가 가장 원하는 것은 남편이 옆에 있는 것이다.

"사모님, 목사님이 곁에 계시는 것이 가장 좋지요?"

아내가 감은 눈을 꿈쩍하고 움직인다. 반복하라는 얘기를 하지 않아도 연속적으로 찔끔한다. 얼마나 그 말을 듣고 싶었던지 흐느

껴 우는 사람처럼 호흡이 거칠다.

"목사님, 봐요. 목사님이 옆에 있기를 원하시잖아요. 그래서 목사님, 외부 설교를 자제하셔야 해요." 아내가 계속 웃는다. 이미 다 알고 있었다는 듯 빙그레 웃는다. 집사님이 무슨 말을 하든지 아내는 더욱 여유로운 마음으로 웃으며 눈을 깜빡였다.

하나님의 이름, 임마누엘

정채봉 선생님이 들려주는 어느 동화에는, 밤하늘에 별이 빛나는 이유를 설명하는 대목이 있다. 별이 반짝이는 이유는 별이 지구를 사랑하기 때문이라고 한다. 그리고 그중에 꽃별이라 불리는 한 별은 늘 멀리서 바라만 보는 지구를 너무도 사랑해서, 북극성을 찾아가 지구로 보내 달라고 간청을 한다. 북극성은 꽃별의 마음을 알아차리고 지구별로 꽃별을 보내 준다. 그리고 꽃별은 지구로 와서 별불가사리가 된다.

이 짧은 동화는 서로 다른 둘을 하나로 만드는 사랑의 본질을 말하고 있다. 사랑은 남자와 여자를, 약한 것과 강한 것을, 부드러운 것과 단단한 것을 한 몸으로 만든다. 사랑은 멀리 떨어진 각각의 별로 존재하기보다 사랑하는 지구에 와 살고 싶어 한다. 지구의 품에 안기고 싶어 한다. 큰 별이 작은 불가사리처럼 수천 배 작아져도 그것을 감내하는 것이다. 그게 사랑이다.

하나님은 지구를 사랑한 꽃별이다. 하나님은 사람과 지구를 너무 사랑하셔서 인간이 되기로 하셨다. 영원하신 하나님이 사람이 되어 우리 곁에 오셨다. 마치 꽃별이 지구를 사랑해서 별불가사리가 된 것처럼. 이것이 '임마누엘'의 뜻이다. 우리와 함께하시는 하나님. 우리와 함께하고 싶어 인간이 되신 하나님.

임마누엘은 죄인들을 죄에서 구해 내려고 오시는 분, 하나님의 이름이다. 그분은 우리의 곤경을 너무도 잘 아시고, 그 곤경 속에서 우리 인간과 함께 머무신다. 사랑으로 우리와 함께 사신다. 내가 웅덩이에 빠져 도움을 간구했을 때, 나는 하나님이 곧장 나를 나쁜 상황에서 건져 주실 것이라 생각했다. 그러나 하나님은 그 상황 가운데로 찾아오셔서 '함께 머무셨다.'

임마누엘은 하나님의 약속을 따라 가나안에 온 아브라함이 자녀를 간구하면서 하나님께 가장 많이 들었던 말이다. "언제 주실 거예요?"라고 떼쓰는 아브라함에게 한 번도 흔쾌하게 언제라고 하신 적 없이 늘 "아브라함아, 내가 너와 함께한단다"라고만 말씀하셨다.

아들이 태어난다는 시간을 언급하기까지 24년의 시간이 지나는 동안 줄기차게. "난 너의 곁에 있어."

성경의 처음부터 끝까지 하나님은 우리와 함께하신다고 선포하고 속삭이고 자기를 나타내시는데도 불구하고, 우리는 늘 "나와 함께하세요?"라고 묻는다. 또 며칠을 살다가 묻는다. "내 이름은 아시나요?" 오늘도 물을 것이다. "나에게 관심은 있으세요?" 왜냐하면 삶의 문제가 해결되지 않기 때문이다. 우리는 함께하시는 것보다 문제를 해결해 주시는 하나님이 좋은데 왜 하나님은 임마누엘 하나님이실까.

바로, 사랑 때문에 그렇다. 사랑! 사랑은 배우기 가장 어려운 언어다. 그러나 임마누엘 하나님은 온전하고 성숙하고 사랑이 많은 분이시다. 인간이 하나님을 멀리서 보면 볼수록 손해다. 하나님을 가까이서 보고 만지고 그분께 다가갈수록 우리에게 회복이 일어난다. 그분은 우리 같은 죄인에게 가까이 다가오셔서 죄에서 풍기는 악취를 감수하시고, 끝까지 함께하신다. 그것이 사랑이다. 하나님은 사랑에 있어 가장 온전한 인간의 모습을 몸소 보여 주신다.

나는 아무리 씻어도 냄새가 지워지지 않는 아내를 보며, 이 임마누엘이 얼마나 어려운 것인지를 깨닫곤 한다. 나의 사랑은 하나님의 사랑에 턱없이 못 미친다. 아내는 일주일에 한 번 머리를 감고 목욕을 한다. 보통의 경우 머리 감은 여자들이 지나가면 향기가 나는데, 내 아내는 그런 향기가 없다. 머리를 감아도 샴푸 냄새조차 미미하다. 오랫동안 누워 있어 노화된 피부 속에 감춰진 냄새가 항상 배어 있다. 냄새에 민감한 나는 이런 아내와 함께하는 것이 어렵다. 임마누엘 하나님이 나같이 누추한 인간에게 오신 것처럼, 나 역시 냄새나는 아내 곁에 머무르는 고통을 감내하고 다가가는 사랑을 배워야 한다.

환자에서 인간으로

부부는 시간이 지나도 한 몸이다. 부부는 결코 떨어질 수 없는 한 지체임을 알면서도, 기침을 하거나 호흡을 헐떡이기 전까지는, 그렁그렁 가래 소리가 들리기 전까지는 다가가지 않는 나를 본다. 뭔가 다급한 상황이 생겨야만 달려가 "당신 괜찮아?" 묻는다. 일이 닥쳐서 그 상황만 제거하면 다시 제자리로 돌아가는 것은 임마누엘의 사랑이 아니다. 아내의 아픔이 내 삶의 중심을 형성할지언정 아내 자신이 내 삶의 중심을 차지하지는 못했음을 깨닫는다.

임마누엘 하나님은 다가와 머무시며 인간을 사랑하셨다. 나에게 임마누엘은 아내와 함께 머무는 것이다. 그래서 아내와 함께 있는 시간을 늘려야 했다. 물론 물리적인 시간도 필요하지만 무엇보다 아내를 사랑하는 시간, 아내에게 주목하는 시간이 필요하다. 아내의 질병을 고칠 수 있다는 강한 확신에 사로잡히는 것보다, 먼저 아내의 고통에 귀 기울이고 한 인간으로 아내를 대하고 아내에게 다가가는 것이 임마누엘 사랑이다.

그래서 아내와의 나들이를 결심했다. 아무 역할을 못해도, 그저 옆에만 있어 주어도 된다. 병이 빼앗아 간 우리의 관계를, 함께 이동함으로써 되찾아 왔다. 우리가 숨어 있었던 방에서 나와 거리로 움직였다. 아내가 환자가 아니라 사람으로 살아가도록 내 삶의 일부 영역에 아내를 동참시키기로 했다.

이동 침대를 선물받았다. 언제나 나를 가장 많이 돕는 매제가 선물로 구해 줬다. 참 고마운 사람이다. 이동 수단을 확보하고 아내가 갈 곳을 선택했다. 물론 아내가 가장 가고 싶은 곳은 청춘을 보냈던 대학이다. 그 길이 그리워 차를 타고 갔다. 그 강의실에서 믿음의 친구들을 다시 만났다. 학과 친구들과 교수님들을 만났다. 이동은 관계를 회복시켜 주었다. 환자가 아니라 친구가 되었다. 아내의 친구들은 처음 만날 때는 속눈물을 삼켰다.

"주연아, 크흑…미안해. 네가 이런 줄도 모르고…"

아픈 아내를 보며 그동안 무심했던 것에 대해 마치 고해성사를 하듯 고백한다. 아내도 운다. 알아들을 수 없는 소리로 우는 아내의 모습을 보며 소리 없이 나도 운다.

구리 시 코스모스 축제에도 갔다. 코스모스가 핀 길을 따라 이동하며 아내에게 말을 건넸다. "여보 눈을 떠 봐." 남편의 말에 아내는 눈썹을 꿈쩍였지만 전혀 눈을 뜰 수 없었다. 꽃은 보지 못했어도 가을 햇살에 비치는 아내의 얼굴에는 환한 웃음꽃이 피었다. 내 아내에게 절실히 필요한 임마누엘의 사랑. 다가가는 사랑. 그녀는 이날 너무나 많은 사람에게 그 사랑을 받았다.

눈은 거의 실명하고 다리 부상으로 휠체어를 타고 유방암으로 고생했던 마르바 던(Marva Dawn)은 이렇게 말했다. "일상의 삶에서 멀어질 때 우리는 엄청난 상실을 겪는다. 하지만 다가가는 사랑을 가진 한 사람이 있는 한 그 누구도 장애인으로 살지 않는다." 내 아내도 그렇게 다가가는 사랑, 임마누엘 사랑을 받을 때, 비로소 환자가 아닌 인간의 이름으로 다시 태어날 수 있을 것이다. 나는 아직도 임마누엘 사랑을 온전히 실천할 수 없지만, 언젠가는 그 사랑이 몸에 배어들어 완전함에 이를 것을 기대할 뿐이다.

5 죽음이 갈라놓을 때까지

나는 우리에게 무슨 일이 일어나든 당신과 함께할 것입니다.
당신이 내일 소경이 되더라도, 당신과 함께하겠습니다.
_엘리자베스 악트마이어

"기쁠 때나 슬플 때나, 부유할 때나 가난할 때나, 죽음이 우리를 갈라놓을 때까지 한결같이 사랑할 것을 맹세합니다."

결혼식에서 맺는 언약의 위력을 알고 결혼하는 부부는 거의 없다. 그것은 약속이다. 아직 일어나지 않은 일에 대해 맺는 언약이다. 언약을 맺으면서 최악의 상황을 고려하는 경우는 매우 드물다. 당시에는 인생의 모든 색깔이 장밋빛으로 보이기 때문이다. 사실 그 언약의 맹세에는 두 가지 색깔이 언급되지만 당사자들은 오로지 한 가지 색만 생각한다. 혹여 결혼 생활에 석연치 않은 색이 섞일 수 있음을 예상한다 해도, 나쁜 일은 그다지 길지 않을 것이라 여긴다.

하지만 우리는 결혼하고 난 뒤에 서로가 얼마나 다른 사람인지를 알게 되었다. 우리는 자라온 환경도, 결혼에 대한 기대와 필요도 너무 달랐고, 그 차이를 좁히지 못한 채 결혼 생활을 힘들게 유지했다. 나는 결혼 전에 누렸던 자유를 포기하고 체념한 채 살았고, 그런 나를 보며 아내 역시 불안해했다. 하지만 기질적인 차이에서 오는 위기는 대화로 얼마든지 풀 수 있었다. 시간이 지나면 어느 정도

5.
죽음이 갈라놓을
때까지

극복되고 새로운 삶이 시작되는 것이다.

그러나 다시는 병상에서 일어나지 못하게 하는 질병이 우리 가정을 휩쓸 것이라고는 결코 상상하지 못했다. 2005년 8월 10일 그 한여름에, 막내 젖을 먹이던 도중에 아내가 뇌경색으로 쓰러졌다. 어떤 전조도 없이 급작스럽게 찾아와 모든 삶을 한순간에 바꾼 '쓰나미'였다. 그렇게 다정했던 사람이 단번에 말을 잃었다. 행동이 멈췄다. 그 병은 우리 부부의 관계를 전혀 다른 방향으로 돌려놓았다.

바로 이와 같은 현실, 결코 바라지 않던 현실은 우리가 무심코 고백했던 결혼 서약의 의미를 제대로 가르쳐 준다. '죽음이 갈라놓을 때까지,' 어떤 상황이 일어나든 상관없이 배우자에게 헌신하는 것이 언약적인 사랑이다. 성서신학자 엘리자베스 악트마이어(Elizabeth Achtemeier)는 언약 사랑을 고백한다는 것이 어떤 의미인지를 매우 자세하게 설명한다.

나는 우리에게 무슨 일이 일어나든 당신과 함께할 것입니다. 당신이 내일 소경이 되더라도 나는 당신과 함께하겠습니다. 당신이 사회적으로 성공하지 못하더라도 당신과 함께하겠습니다. 서로 싸우며 화낼 때가 있겠지만, 금방 화해하기 위해 노력하겠습니다. 우리에게 아무런 희망이 없는 것 같을 때, 당신을 이해하고 관계를 정상으로 회복하기 위해 최선을 다하겠습니다. 결혼 생활이 지루하고 아무런 의미가 없는 것 같을 때, 관계를 개선할 수 있음을 믿고 열심히 노력하겠습니다.

이것이 바로 언약의 의미다. 어떤 상황이 닥치더라도, 영원히 함께하겠다는 그 약속을 깨뜨릴 수 없다. 나는 약속을 깨뜨리지 않기 위해, 달라진 상황에서 아내와 관계 맺는 방식을 바꾸어야 했다. 정서적으로 외로움이 많은 건강한 남편은, 삶의 우선순위를 조정하고 병든 아내에 대한 충성을 새롭게 배워야 했다.

목사인 나는 결혼 주례를 자주 하는데, 어느 결혼식에서 새로 부부가 되는 이들을 향해 이런 말씀을 선포했다. "하나님이 짝지어 주신 것을 사람이 나누지 못할지니라." 하나님이 짝지어 주신 것을 사람이 나누지 못한다. 성격 차이도, 경제적인 위기도, 배우자의 부정도 이혼의 사유가 될 수 없다. 그렇다면 나는 어떤가?

"하나님이 짝지어 주신 것을 질병이 나누지 못할지니라."

하나님은 아내의 질병에도 불구하고 그분 앞에서 나와 아내가 맺은 언약을 평생 지켜 갈 것을 요구하신다.

죽음에 대한 그리움

'죽음이 우리를 갈라놓을 때까지'는 실로 엄청난 말이다. 죽을 때까지 한 사람만 사랑하고 책임진다는 고백이기 때문이다. 그러나 동시에 이 언약은 자유하게 될 시간을 선포한다. 이 약속에서 놓이는 날은 바로 죽음의 날이다. 죽으면 배우자로부터 자유로워진다는 말이다. 그러니 삶의 마지막까지 배우자를 사랑하겠다는 언약은 결코 어떤 상황으로도, 어떤 이유로도 풀 수 없는 족쇄와 같다. 오직 죽음만이 자유하게 하는 언약이다. 그러나 죽음은 내가 선택하는 것이 아니다.

간병하는 시간이 길어질수록, 아내의 회복이 멀어질수록, 결혼 언약의 위중함을 깨달을수록 내 마음에는 죽음에 대한 그리움이 자라났다. 내가 맺은 언약에서 자유로워질 수 있는 것은 아내의 죽음뿐이다. 이혼은 죄이지만 죽음은 죄가 아니었다. 그래서 죽음이 그리웠다. 삶이 뒤죽박죽 너무도 고통스러우면, 장모님과 싸우는 날이면 이 언약으로부터 벗어나고 싶었다.

처음 아내가 쓰러지던 날 수술을 결정해야 하는 순간과, 화상을 입어 수술을 결정해야 하는 날 "나는 그 꼴 못 본다. 차라리 죽는 게 낫다"고 장모님이 말씀하실 때, 나는 아내가 죽는 것보다 살아서 곁에 있는 것이 낫다고 항변했다. 장애를 가진 딸을 두고 살 수 없다고 우시는 장모님 앞에서, 배우자인 나는 장애를 가지고 살아 있는 아내를 원한다고 했다.

그러나 삶은 그렇게 녹록하지 않다. 시간이 지난 뒤에 장모님은 딸의 똥마저 향기롭다고 하시지만, 배우자의 마음속에는 죽음에 대한 그리움이 자라 간다. 딸의 몸에 칼 대는 것을 극도로 싫어하던 엄마는 장애를 가진 딸을 더 사랑하게 되었지만, 아내를 살리려고 수술을 강행하던 남편은 삶의 무게 앞에 마음이 자주 무너졌다. '차라리 죽었더라면 좋았을 텐데…' 삶의 고통이 내가 내린 결정을 후회하게 한다. 생명을 살렸으나 인생의 짐은 너무도 무거웠다. 인생은 참 냉정하다. 선한 선택을 했다고 고통이 줄어들지 않는다. 바른 선택을 했다고 칭찬해 주지 않는다. 무엇을 선택했든 그 선택에 대해 책임을 지게 한다.

목사로서 누구보다 나를 잘 아는 동역자 친구가 있다. 나의 첫 책을 다 읽은 그에게서 전화가 왔다. "병년아, 널 만나러 가지 못하겠다. 너무 미안하고 안쓰러워서. 그리고 오해하지는 말고 들어라. 나는 사모님이 죽었으면 좋겠다." 친구로서 애절한 마음의 표현이었

5.
죽음이 갈라놓을
때까지

다. 나도 대답했다. "친구야, 내 마음도 그래. 그러나 이것도 내 삶이지." 삶이 힘들면 누구든지 죽음이 그립다.

    나는 아내에게 자주 내 감정을 표현한다. "당신 죽으면 나 결혼한다. 당신, 내 거룩함을 위해서는 오래 살아야 하지만, 내 즐거움을 위해서는 좀 일찍 죽어야 하는데 말야. 죽음은 내 권한 밖이니…" 남이 들으면 죽기를 기다리는 부부의 대화 같다. 단번에 끝나는 죽음보다 연속적으로 찾아오는 고통이 삶 속에 가득할 때, 빛은 사라지고 어둠이 넘쳐난다. 그럴 때는 오히려 어둠이 위로를 준다. 죽음이 그리워진다.

그날의 언약

아픈 아내의 손을 잡는다. 움직이지는 못해도 아내는 남편이 자기 손을 잡는 것을 안다. 손을 잡고 이야기를 한다. 손을 잡는 것은 언약을 유지하고 지킨다는 뜻이며, 손을 놓는 것은 그 언약과 관계를 깬다는 말이다. 아내가 아픈 뒤로 나는 늘 아내의 손을 잡는다. 손을 잡고 말을 건넨다. "여보 사랑해"라고. 그러면 아내의 입가에 미소가 번진다. 자신만의 고요한 세계에 만족하는 아내는 남편이 잡은 손을 따라 의식의 세계로 나오고, 다른 이들과 관계를 맺는다.

나는 결혼식장에서 그 손을 잡고 걸었다. 그 손을 들고 서약을 했다. '죽을 때까지' 신실하게 부부의 도를 지키기로. 손은 언약에서 중요한 역할을 한다. 손을 들고 손을 잡는 일은 죽음에 이르기 전까지 받아야 할 훈련이다. 기쁠 때나 슬플 때, 가난할 때나 부유할 때, 그리고 건강할 때나 병들었을 때나 배우자를 사랑하는 것이다. 결혼식장에서 손을 들고 맺은 언약은 삶 전부를 요구한다.

그 결혼 언약은 감정적인 측면에서의 지속성과 경제적인 면에서의 책임, 신체적인 면에서의 상호 돌봄을 요구한다. 우리는 이렇게 세 가지를 기준으로 언약을 맺었다. 그 기준으로 볼 때 지금 우리 부부의 언약 관계는 어떤 모습일까.

우선 경제적인 부분을 보자면, 결과적으로 아내가 아프고 난 뒤에 오히려 가장 풍요로운 삶을 살고 있음을 고백해야겠다. 물론 내가 가장으로서 경제적인 책임을 짊어지고 노력해서 얻은 결과가 결코 아니다. 모든 것이 하나님의 긍휼과 공급 때문이다. 사실 우리 부부는 늘 가난했지만, 경제적인 형편이 우리 관계를 크게 좌지우지하지 못했다. 가난을 수치로 여긴 적이 없는 우리 부부였기에, 경제적인 이유로 다툰 적은 있어도 신실함이 깨진 적은 없다. 그리고 그것은 지금도 마찬가지다.

　육체적인 면에서는, 아내가 아프면서 우리는 더 큰 연합을 경험하고 있는 것 같다. 두 사람이 모두 건강할 때는, 욕구가 많은 내가 아내를 사랑하기보다 종처럼 부리려 하고 짜증을 많이 냈었다. 심지어 욕구가 좌절될 때 화를 내기도 했다. 그러나 아내가 병을 얻으면서 건강한 내가 연약한 아내를 돌보는 삶으로 변화가 일어났다. 질병은 물리적으로 부부를 연합시킨다. 우선은 곁에 머무르는 시간이 늘어난다. 그리고 환자에게 해주어야 할 많은 일들이 생긴다. 내 아내처럼 자율신경이 마비된 환자들은 모든 활동을 전적으로 배우자에게 의존한다. 질병에 걸린 사람도 힘들지만 건강한 배우자도 지쳐 간다. 어느 순간, 아픔을 삶의 일부로 받아들이게 되면 아픈 아내와 신체적으로 연합의 경험을 갖게 되고, 그렇게 그녀에 대한 신실함을 지킬 수 있다.

　내게 있어 배우자에 대한 신실함을 유지하기가 가장 어려운 것은 정서적인 측면이다. 정서적 신실함은 마음에서 이루어지는데, 돈이나 육체처럼 눈에 보이지 않는 이 마음이란 녀석은 매우 교묘해서 얼마든지 위장하고 숨길 수 있다. 즉 서로 주고받지 않거나 상대방이 호응이 없을 때 감정은 깊이 숨어 버린다. 그중 슬픔은 감정

중에서 가장 깊은 곳에 위치하고 있다고 하니, 이 감정을 나누기 위해서는 얼마나 많은 훈련이 필요할까? 그런데 정작 이런 감정을 나누어야 할 아내는 말이 없다. 나는 누군가가 먼저 말을 걸어 올 때 더 잘 반응하는데, 그런 감정을 건드려 줄 아내가 말없이 누워 있다.

"여보, 일어나라. 한마디만 해 봐."

내 마음은 날마다 흔들렸다. 슬픔을 꾹 참고, 어쩌다 떠오른 기쁨도 어색하게 숨기며 살아야 했다. 예기치 않게 배우자 외의 다른 이성들이 등장했다. 그들과 차 한 잔 했을 뿐이라고 아무렇지 않게 대답했지만, 시간이 지나면서 점차 마음이 무거워졌다. 단 한 순간도 신뢰를 깨지 않을 것이라 철석같이 믿었는데, 인생의 굴곡 앞에 내 마음이 무너지고 있었다. 신실해지기로 마음을 먹을수록 내 성품은 신실함에서 멀어지는 듯했다.

신실하게 진실하게

신실함을 묻는 질문에 마음을 포함하지 않는다면 그나마 쉽게 통과할 수 있을 것이다. 테레사 수녀는 말했다. "얼마나 많은 일을 하느냐가 아니라, 작은 일을 얼마나 큰 사랑으로 하느냐가 중요합니다." 큰 사랑으로 작은 일을 하는 것이 중요하다. 일상적인 일을 사랑으로 감당하기보다는 그저 의무와 책임감으로 반복하고 있는 나는 이 말 앞에 마음이 무너진다.

사랑 없는 단순함의 반복. 그 단순함에 빠질수록 아내를 향한 나의 사랑은 식어 갔다. 사랑 없는 단순함은 얼마나 지겨운가. 이상하게도 아내에게 밥을 주려고 하면 아들에게 이 일을 시키고 싶어진다. "아들, 엄마 밥 좀 줘라." 그러면 아들도 싫어한다. 아빠가 싫어하는 것을 아는지 아들은 이불을 개겠다고 한다. 얼마 전, 아내에게 유익하다고 해서 마사지를 시작했지만 며칠이 가지 못해 지루함을 참지 못하고 그만두었다. 세심함과 끈기의 부족으로 단순함을 지속하지 못하는 나를 본다.

요즘 윤지가 태어나서 처음 배운 이후 집으로 돌아와서도 부르고 또 부르는 노래가 있다.

신실하게 진실하게 거룩하게 살게 하소서.
신실하게 진실하게 거룩하게 살게 하소서.
하나님, 나의 마음 만져 주소서.
하나님, 나의 영혼 새롭게 하소서.

나의 솔직한 상태와 소망이 고스란히 담긴 찬양이다. 신실하고 진실하게, 거룩하게 살아야 한다. 그러나 내 마음은 그렇지 못하다. 하나님이 만지고 고쳐 주셔야 한다. 이 찬양을 부르노라면, 환자와 살기 때문에 필연적으로 성자의 길을 따라갈 수밖에 없는 나의 삶을 이야기하는 것 같다. 환자와의 동거는 엄청난 고통과 혼란으로 점철된 삶이다. 그리고 그 삶 속에서 신실함과 진실함과 거룩함을 추구하면, 즉 이 속에서 하나님의 뜻을 추구하고 그분의 성품을 닮기 위해 애쓰면 언젠가는 성자가 된다.

「서약을 지킨 사랑」(복있는사람)을 쓴 로버트슨 맥퀼킨(Robertson McQuilkin)은 알츠하이머에 걸린 아내를 25년 동안 돌본 사람이다. 그는 아내가 병을 얻자 신학교 총장의 자리도 내려놓고 오직 아내만 돌보기 시작했다. 어느 날 자신이 가르치던 학생의 부인이 "지치지 않으세요?"라고 묻자, 맥퀼킨이 웃으며 대답했다. "지치지 않냐고요? 매일 밤 지칩니다. 그러니 자러 가지요." 그리고 그는 아내를 너무도 사랑했기에 지치지 않는다고 말했다.

놀라웠다. 나도 지치지 않는 사랑을 하고 싶다. 사랑에 신실한 사람이 되는 것, 그것이 거룩이다. 거룩은 하나님을 향할 때는 경외라는 옷을 입지만, 사람을 향할 때는 사랑의 옷을 입는다. 두 번의 입원과 퇴원을 하면서도 아내를 집으로 데려온 이유는 아내를 사랑하기 때문이다. 아내가 가족의 사랑 안에 살도록 하고 싶었기 때문이다. 아내의 간호를 맡자마자 외부 설교와 강의 요청이 늘어 고민한 적이 있었다. 말씀 전하는 일과 아내 돌보는 일에 대한 부르심이 충돌했다. 그래서 집으로 찾아오는 사람과의 교제는 피하지 않되 외부 강의를 최대한 자제하기로 했다. 삶은 단순하게, 삶의 자세는 신실하고 진실하게, 삶의 목표는 거룩하게.

새로운 땅으로의 부르심

> 그러므로 교회가 그리스도에게 하듯 아내들도 범사에 자기 남편에게 복종할지니라. 남편들아, 아내 사랑하기를 그리스도께서 교회를 사랑하시고 그 교회를 위하여 자신을 주심같이 하라. (엡 5:24-25)

바울은 부부 관계를 그리스도와 교회의 관계에 비유한다. 교회가 그리스도께 복종한 것처럼 아내는 남편에게 복종하고, 그리스도가 교회를 위해 자기를 주시기까지 사랑한 것처럼 남편은 아내를 사랑하라고 말씀하신다. 이 대목을 읽을 때 대개 사람들이 걸리는 부분은 '복종'이다. 뒤에 나오는 '사랑'보다는 '복종'이라는 단어를 듣기 힘들어한다. 그런데 이 구절의 핵심은 상호 복종임을 잊어서는 안 된다.

그리고 정작 중요한 문제는, 우리가 쉽게 여기는 사랑이 너무도 어려운 것이라는 사실이다. 그리스도는 교회를 아낌없이 사랑했지만 나는 아내를 사랑하는 일에 늘 실패한다. 아내의 냄새가 싫다. 늘 아내에게 받았으면서도 아내에게 나를 전적으로 주기가 싫다. 간병 기간이 길어질수록 꾀만 늘어난다. 이런 나에게 바울의 명령이 귓전을 때린다. 아내를 사랑하라는 부르심으로 나를 부른다. 열정은 식었지만 부르심은 확실했다. 교회를 향한 그리스도의 사랑이 나를 깨운다. 나를 전적으로 의지하고 남편을 가장 필요로 하는 아내가 무조건적인 하나님의 사랑으로 나를 부른다.

『평화는 나의 여행』(소나무) 저자인 임영신 씨로부터 책을 선물받았다. 사실 책을 건넨 사람이 저자임을 책을 받고 난 뒤에 알았다. 책의 내용도 전혀 몰랐다. 그냥 이라크에 평화의 사슬로 다녀온

5.
죽음이 갈라놓을
때까지

사람이라는 정도만 알았다. 다른 사람의 아픔보다 내 아픔에 푹 젖어 있다 보니, 습관적으로 무심하게 받았는지도 모른다. 그런데 첫 장을 넘기면서 벌써 마음이 타 들어갔다. 아! 깊은 탄식의 눈물이 흘러나왔다.

"…윽…" 결국에는 곡소리가 되었다. "크윽…"

아이들이 달려왔다.

"아빠, 왜 그래. 엄마가 생각나서?"

"이 책을 읽다가 너무 슬퍼서."

나를 빤히 쳐다보는 그 녀석, 아들의 눈망울을 보며 다시 울었다. 자식을 두고 가는 길은 어떤 길일까? 남편을 두고 어떤 평화의 길을 찾아간 것일까? "사는 대로 생각하지 않고 생각하는 대로 살고 싶어서" 아내가 전쟁터로 달려간다. 유치원에 들어간 딸을 둔 아내가 걸프전이 발발한 이라크로 가려고 남편의 허락 한마디를 기다린다. 어차피 허락 없이도 자기 생각대로 행동할 아내임을 알기에 남편도 먹먹한 마음으로 아내에게 문자 메시지를 보낸다.

"이라크에 다녀오세요."

나는 이 한 문장을 붙들고 한없이 울었다. 다시 읽고 또 울었다. 아내를 전쟁터로 보내는 남편의 마음을 알 것 같아 하염없이 눈물을 쏟았다. 부부가 주고받은 문자 대화가 계속 내 입에 맴돈다. "이라크에 다녀오세요." 아내로 인해 8년 동안 울고 또 울었음에도 이 문장 하나가 다시 나를 울린다. 남편의 마음이 보여서. 아내가 없는 남편의 삶이 어떤 것인지 조금은 아니까. 다녀오라는 남편의 한마디에 무거운 마음으로 쏟았을 아내의 눈물이 보인다. 자식을 두고 편히 떠나는 엄마는 없다. 누워서 아이들을 생각하는 내 아내를 생각하며 울었다. 자식을 두고도 자신의 양심에 묶여 떠나는 그 아내처럼, 내 아내도 질병에 묶여 곁에서 노는 아이들조차 돌보지 못한다. 아내의 눈물이 보였다.

남편이 아내를 사랑하기에 아내에게 자유를 준다. 아내가 받은 자유는 남편과 가족의 삶을 고통으로 몰고 간다. 한 사람은 자유를 얻고, 다른 한 사람은 구속을 당하는 삶. 부부의 사랑이 아니고서는 불가능한 삶. 신비로운 사랑의 연합이었다. 그리고 이 부부는 가족간의 사랑보다 더 큰 부르심에 헌신하기 위해 아픔을 견디고 있었다. 이 부부의 아픔이 내게 새로운 아픔의 이유를 가르쳐 주었다. 울고 또 울었다.

5.
죽음이 갈라놓을
때까지

아내가 쓰러지던 날 그가 내게 남긴 한마디는 "잘 다녀와"였다. 나는 잘 다녀왔지만 나를 기다리던 아내는 그 짧은 시간을 견디지 못하고 쓰러졌다. 아내는 죽음 이외에는 결코 나를 떠나지 못하는 고통의 세계로 들어갔다. 나도 아내도 전혀 새로운 세상으로 부르심을 받았다. 그것은 떠나는 삶이 아니라 머무는 삶, 건강한 삶이 아니라 연약한 삶으로의 부르심이다. 전쟁터로 떠나는 아내에게 자유를 주듯, 나 자신에 대하여 죽고 삶의 우선권을 내주어야 한다.

이 삶은 전쟁터와 같다. 힘든 삶을 산다고 자라는 것은 아니다. 사랑하고 인내하고 견디고 싸워야 성숙한다. 삶이 아플 때 인격이 가장 빛나는 이유는 어둠과 싸우기 때문이다. 나는 결혼의 목적에서 멀어지게 하려고 유혹하는 것들과 싸워야 한다. 이제는 종의 가면을 벗고 진정으로 종의 자리로 내려가야 한다. 신실한 종이 되는 것, 그것은 나에게 큰 일이 아니라 병든 아내와 이혼하지 않고 평생토록 살아가는 것이다.

게리 토마스(Gary Thomas)의 「사랑과 행복, 그 이상의 결혼 이야기」(좋은씨앗)는 내가 결혼식 주례사에서 자주 인용하는 책이다. 나는 저자의 탁월한 식견과 해박한 지식, 무엇보다도 아내를 사랑하는 그의 삶을 존경한다. "배우자에게 충실한 것만으로도 그것은 사회에 훌륭한 간증이 된다. 그러나 배우자를 지속적이고 창조적이며 무제한적으로 사랑하는 단계에 도달하면 세상은 당신을 주목할 수밖에 없고, 하나님이 영광을 받으실 것이다." 아멘.

6   나도 인간입니다

> 나를 괴롭히는 것은 여자에 대한 그리움,
> 가까이서 여자를 느끼고 싶은 욕구인 것이다.
> _T. S. 엘리엇

「난 당신이 좋아」가 출간되고, 로고스서원 대표인 김기현 목사의 전화를 받았다. 목사님은 "형님, 이 책은 다 좋아요. 근데 왜 형수님과의 부부관계 이야기가 없어요? 성적인 욕구는 어떻게 처리해요?"라고 직접적으로 물었다. 아, 날카로운 질문이다. 누구나 주저하는 질문을 과감하게 묻는다. 인간 욕구 중 가장 깊은 욕구는 성적인 욕구인데 책에는 그런 내용이 없고, 다른 고백은 너무도 진솔한데 그 욕망만 언급되지 않아 궁금했단다. 대부분의 사람들은 목사가 이 문제를 어떻게 극복할까 궁금해하면서도 결코 묻지 않는다. 사람들은 궁금해도 묻기를 주저한다. 간혹 묻는 사람은 애매하게 묻는다.

"목사님, 그거 어떻게 하세요?"

나도 모르는 척 능청스럽게 되묻는다. "그게 뭔데?"

꿈틀대는 외로움

나는 질병이 우리 가정에 가져온 긴박함 때문에 감정을 여러 해 동안 억누르고 살았다. 내 감정보다 아내를 일으켜야 한다는 압박감과 자녀들을 돌보는 분주함이 대부분의 시간을 빼앗았기 때문이다. 재정적 압박과 갖은 일로 긴장의 연속인 삶이었다. 늘 잠이 부족해서 피곤했고, 점점 '영적으로 육체적으로 처절하게 피곤한 상태'가 되어 갔다. 그렇게 점차 생각이 무너지고 몸이 피곤해지자, 홀로일 때 외로움이 꿈틀대기 시작했다. 아내가 그리웠다. 부부의 친밀함을 나누며 즐기고 싶었다. 아내와 대화를 하고 싶었다. 혼자 씨부렁거리는 독백이 아닌, 반짝이는 눈에서 나오는 아내의 눈웃음을 보고 싶었다. 나도 외롭다며 아내의 가슴에 폭 안기고 싶었다. 한 남자로서 한 여자 앞에 있고 싶었다.

풀러 신학교에서 열린 스탠리 하우어워스(Stanley Hauerwas)의 강연을 들은 적이 있다. 그날 강연의 주제는 신학적인 것이 아니라 고통스러운 자신의 삶이었다. 무려 23년 동안 정신병을 앓는 아내를 돌보았던 그는, 아내가 죽고 몇 년 뒤 열린 이 강연에서 솔직한 고백을 들려주었다. 그는 아내가 아픈 동안 부부관계가 몹시 그리웠다고 한다. 그리고 그보다 더 그리운 것이 바로 아내에게서 사랑스러운 말을 듣는 것이었다. "여보"라고 말할 때 들려오는 "당신이야?"라고 하는 음성을 듣고 싶었다는 것이다. 내 마음이 그랬다. 퇴근해서 들어가면 "여보, 당신이야?" 하는 음성을 듣고 싶었다. 아내에게서 한 마디 말도 들을 수 없었다. 말이 그리웠다. 외로웠다.

서로 주고받는 부부의 사랑이 그립다. 부부만이 누릴 수 있는 성적인 연합, 남자와 여자를 한몸 되게 하는 그 연합이 그립다. 그러나 냉혹한 현실은 남편의 사랑을 엄마의 사랑으로 바꾸라고 한다. 일방적으로 줄 수 있는 엄마의 사랑으로 아내를 사랑하라고 한다.

아내가 아프기 전까지 난 '외로움'을 잘 몰랐다. 외로운 인간의 모습에 대해 무지했고, 외롭다는 말을 아주 싫어했다. 할 일이 이렇게 많은데 무슨 소리냐고. 이제는 사람에 대한 그리움이 무엇인지를 안다. 심지어 손잡고 걸어가는 연인을 보면 질투가 일어난다. 함께 걷는 기회를 박탈당한 상실감에 더욱 외롭다. 몹시도 외로운 헛헛한 밤을 보낸다. 단지 아내가 아프다는 것 외에 달라진 것이 없는데, 온 집이 텅 빈 듯한 밤.

"목사님도 인간이네요"

그러나 사람들은 아무도 묻지 않았다. 심지어 어떤 이들은 목사니까 잘 견디리라 생각했다. 하지만 나는, 김두식 교수의 말처럼 "규범의 세계에서 살던 생각이 색의 세계로" 서서히 움직이기 시작했다. 예기치 않은 방식으로 "불태우지 못한 소년의 세계"에 대한 그리움이 밀려들었다. 밤이 깊을수록 내 욕구는 수그러들지 않고 타오르기 시작했다.

나는 비교적 내 안의 어둠을 잘 드러내는 편이다. 설교 중에 내가 겪는 성적인 유혹을 나누기도 한다. "제가 성적인 상상에 시달렸어요. 여기 십자가 밑에 앉아 상상 속에서 온갖 애무를 합니다. 한 인간으로서 성적인 욕구를 극복하기는 아주 어렵습니다. 청년의 때에 성적 욕구를 다스리는 것은 순결한 결혼에 대한 희망 때문이지요. 그러나 결혼 후에 겪는 이 고통은 저를 아주 힘들게 합니다. 불륜에 빠지면 아이들이 어떤 아픔을 겪을지, 성도들이 얼마나 낙심할지, 무엇보다도 저 자신이 어떻게 무너질지 잘 알면서도, 저를 찾아오는 이 욕구를 단호하게 이기기가 대단히 어렵습니다."

장모님이 대노하셨다. "아니, 목사가 그것도 못 참아. 그리고 성도들에게 그런 설교를 해!" 안 그래도 의심의 눈초리를 보내던 장모님이셨다. 내 주변에 돕는 여자들이 많았으니까. 시간이 지날수록 내 외로움을 눈치채신 장모님은 자주 말씀하셨다. "여자를 조심해라. 김 목사, 주연이 버리면 안 돼." 그리고 심지어 나의 인간성을 부정하는 말도 하신다.

"김 목사, 목사는 사람이면 안 돼."

사람에게 사람이 되지 말라니! 고통이 강제적으로 가장 인간적인 신체 기능 하나를 빼앗았는데, 이제 장모님은 인간으로서 느끼는 감정마저 거세하고자 하셨다.

아, 나는 사람이 되고 싶은데. 살수록, 성숙할수록 사람 냄새 풍기는 그리스도인이 되고 싶은데. 아내가 병든 뒤에 나는 점점 내가 인간이라는 사실을 많이 느꼈다. 아내의 곁에서 눕고 일어나는 즐거움을 누리고 싶다. 예전처럼 힘들면 "여보, 나 힘들어" 말하며 안기고 싶다. 그러나 이제는 그런 사랑을 할 수 없다.

때마침 모새골 공동체 임영수 목사님의 '모새골 아카데미' 소식을 들었다. 특별히 주제가 '치유'여서, 10주간의 강좌를 열심히 들었다. 너무 견디기 힘들어서 중간에 목사님을 직접 찾아갔다. 목사님께 개인 사정을 간단히 말씀드리고 어렵사리 고백했다.

"목사님, 제가 성적인 유혹에 시달립니다."

목사님이 담담히 말씀하신다.

"목사님도 인간이네요."

대선배가 아무렇지도 않게, 인간이네요, 하고 내 이야기를 받아들이신다. 목사가 아닌 인간 김병년의 모습으로 꾸중하지 않고 들으신다. 대부분의 사람들은 교회를 망치고 인생을 망칠 짓이라고 정죄하는데. 이어 말씀하신다.

"목사님, 성적 유혹은 정죄하지 마세요. 그러면 유혹만 더 커집니다. 그냥 자신이 유혹받는 존재라는 사실을 있는 그대로 인정하세요." 그리고 있는 그대로의 인간으로서 나를 인정하실 뿐 아니라 자유로워지는 길도 알려주신다. "김 목사님, 정 힘드시면 먼저 사모님과 이혼을 하세요. 그리고 목사라는 직분을 내려놓으시면 됩니다. 그리고 다시 결혼해서 새 삶을 사세요."

목사님은 내가 목사로 살든 자연인으로 살든, 그 속에서 자유로워지는 법을 알려주셨다. 이전까지는 생각조차 못한 자유가 주어질 수도 있다는 생각에 이르자, 되레 두려움이 엄습해 왔다. 아이들이 겪을 고통, 상처받을 성도들과 공동체에 미칠 영향 등 여러 가지 생각이 솟아났다. 무엇보다 인생에 대한 불안이 나를 두렵게 했다. 새로 결혼한다 해도 또 어떤 고난이 나를 기다릴지 모르는 일이었다.

임 목사님이 곰곰이 생각에 잠긴 나를 보며 덧붙이신다.

"젊은 목사님, 6개월 안에 정리하세요."

그 말씀에 "잘 알겠습니다, 목사님" 하고 대답했지만, 속으로는 '그까짓 일로 6개월이나 끌 필요 있나. 당장 고쳐야지!' 싶었다. 그러나 시간이 지날수록, 6개월도 인간의 감정을 훈련하고 다스리기에는 너무 짧다는 사실을 절감했다. 해결되지 않는 한, 해소되지 않는 한, 외로움은 여전했다. 인간은 참 연약한 존재다.

하지만 목사님과의 만남 이후 달라진 것이 있다면, 스스로를 인간으로, 또한 유혹받는 존재로 서서히 인정해 가기 시작했다는 것이다. 우리는 몸을 지닌 인간으로 창조되었고, 몸의 교감에 대한 깊은 필요를 지니고 있다. 그 갈망이 좌절될 때 우리는 근원적으로 흔들리고 깊은 어둠에 빠질 수밖에 없다. 그리고 그와 같은 어둠을 헤쳐 나가기 위해 모든 인간은 하나님의 은혜에 철저히 의존한다.

그래, 나는 유혹받는 인간이다. 그러나 점점 깊은 확신이 생겼다. '가장 인간적인 것을 하나님이 싫어하실 리가 없다.' 영성을 제거하고 온전한 인간이 될 수 없듯이, 인간성을 무시하고는 영적으로 성장할 수 없다. 영적으로 성숙한다는 것은 인간을 이해하고 하나님을 알아간다는 뜻이다.

그렇게 나는 어둠에서 빛을 향해 나아갔다. 정죄하지 않는 기다림이 천천히 나를 성적인 욕망에서 벗어나게 해주었다.

부부의 즐거움

아내가 건강할 때 우리 집에는 즐거움이 있었다. 언제나 기쁨이 넘쳤다. 주말은 거의 축제나 다름없었다. 제임스 휴스턴(James Houston)은 이렇게 말했다. "하나님과 동행하는 그리스도인에게 삶이란 축제다." 그러나 고통은 나로 하여금 하나님이 주신 것을 누리는 데도 죄책감을 갖게 했다.

원래부터 약간 금욕적 신앙에 익숙한 나였는데 아내의 질병은 더욱 많은 것들을 억누르게 했다. 신혼 때도 음식을 즐기지 못하던 나는 이제 음식 자체를 거부하기도 했다. 아이들은 웃고 떠들었지만 병든 아내가 있는 집안에서 나는 웃지도 않았다. 심지어 '거룩한 행동'이 회복을 위한 수단으로 여겨지기도 했다.

교회 성도 중에 유일하게 70대 어른이 계신다. 어느 날 소그룹 모임에서 진지하게 고견을 말씀하신다. "목사님, 부부관계를 가져 보셨어요? 아마도 우리 몸 중에서 생식기가 가장 예민하기 때문에 부부관계를 가지면 사모님의 신경을 자극하는 데 도움이 될 거예요." 나도 진지하게 들었다. 그러나 아내의 신경을 깨우기 위해 부부관계를 갖기는 싫었다. 만약 관계를 가진다면 서로의 즐거움을 위한 것이기를 바랐다.

그 무렵 나를 위해 언제나 기도하고 아껴 주시는 누님 같은 선교사님이 전화를 하셨다.

"김 목사님, 이 순간에 무엇을 하면 아픈 주연이가 여자로서 인정받는다고 느낄까요? 혹시 부부관계 아닐까요?" 그분도 나더러 부부관계를 가지란다. 힘없이 "예" 하고 대답했다.

그날 밤 아내에게 물었다.

"여보, 부부관계 가져도 돼?"

아내가 눈을 왕성하게 깜빡였다. "당신도 기다렸어?" 그렇단다.

부부관계를 가졌다. 더 큰 불만이 찾아왔다. 건강할 때 누렸던 그 즐거움과 안식을 얻지 못했다. 오히려 긴장과 불만족만 가득했다. 상호적이지 못한 관계는 결코 내 욕망을 충족시키지 못했던 것이다. 그럼에도 불구하고 아내는 너무도 기뻐했다.

나는 이를 통해 '쾌락이 거룩의 원수가 아니라 종'이 될 수 있음을 깨닫기 시작했다. 부부는 하나님이 주신 순전한 즐거움을 누리는 특권을 받은 자들이다. 쾌락을 거룩의 원수로 알았던 나는 서서히 하나님이 허락하신 쾌락을 누림으로 가정을 지키고, 내 마음을 지키는 법을 알아가게 되었다. 그렇게 함으로써 자기 연민에서도 조금씩 빠져나올 수 있었다. 아우구스티누스는 말했다. "하나님 안에서 사람을 즐거워할 때, 우리가 즐거워하는 대상은 사람이 아니라 하나님이다." 나는 아내와 부부관계를 맺음으로써 점점 하나님께 나아갔다. "성관계에 매료되는 것은 하나님께 매료되는 것과 밀접한 관련이 있다."

여자의 음핵을 의미하는 라틴어 '클리토리스'는 '에워싸여 있는 것'을 뜻한다. 이 음핵은 여성이 '성적 자극을 가장 민감하게 받는 곳'이며, 지금까지 알려진 바로는 오직 '쾌락을 위한 기능' 이외에 다른 기능이 없다. 즉 하나님은 즐거움을 위해 여성의 생식기를 만드셨다. 너무나 중요한 사실이다! 하나님이 즐거움을 위해 음핵을 만드셨고 여자는 음핵에 자극을 받음으로써 쾌락을 누린다. 쾌락은 우리를 하나님에게서 멀어지게 하는 것이 아니라 오히려 그분께 인도하는 역할을 한다. 허락하신 범위 내에서 쾌락을 누리는 것은 그 자체가 이미 예배다.

오랜만에 아내의 친구를 만났다. 긴 미국 생활을 마치고 귀국해 포항에서 살고 있는 친구였다. 그는 지금까지 아무도 나에게 묻지 않은 질문을 매우 당연한 듯 던졌다.

"목사님, 주연이와 부부관계를 가지세요? 전, 그게 알고 싶었어요."

주연의 소식을 미국에서 들었을 때부터 그것을 알고 싶었단다. 친구 주연이가 아내로서 존중받고 있는지 알고 싶었다고 했다. 내 아내는 참 좋은 친구를 두었다. 친구를 대신해 친구 남편이 자리를 지키는지 확인하고 도전하는 친구를 두었으니. 내 아내는 아내를 여전히 여자로 상대하는 남편과, 아내의 자리를 확인시켜 주는 친구를 둔 행복한 여자다.

나도 아주 당당하게 대답했다.

"예스."

숨길 것이 없었다. 부부니까. 친구는 안도했다.

"여자로서 주연이가 여전히 남편의 사랑을 받고 있군요"라며 안심했다. 내 손을 붙잡으며 고맙다고 한다.

물론 지금의 부부생활은 건강했을 때 주고받았던 것과 결코 동

일하지 않다. 때론 어색하기 짝이 없다. 이전보다 더 많이 대화하고 스킨십을 해도 직접적인 성관계에서 오는 짜릿함을 대신할 수 없다. 그렇지만 아내로서 남편에게 인정받는 즐거움과, 남편이 아내에게 받아들여지는 연합의 기쁨을 어찌 이 고통 중에라도 잊을 수 있을까!

하나님은 쾌락주의자

C. S. 루이스(Lewis)의 「스크루테이프의 편지」(홍성사)에서, 악마 사령관 스크루테이프가 신참내기 악마 웜우드에게 말한다. "불행히도 정욕을 일으키기에 좋은 건강과 활력은 일이나 생각, 놀이, 무해한 오락에도 쉽게 이용될 수 있다. 어떤 쾌락이든지 건전하고 정상적이며 충만한 형태로 취급하는 건, 어떤 점에서 원수를 유리하게 하는 짓임을 잊지 말거라. 우리가 쾌락을 사용해 수많은 영혼들을 포획해 왔다는 것 나도 알지만, 아무리 그렇다 해도 쾌락은 원수의 발명품이지 우리 발명품이 아니지 않느냐. 우리는 어떤 쾌락도 만들어 내지 못하느니라."

중요한 진실은 우리의 적이 더 잘 알고 있다. 쾌락은 하나님이 주신 선물이다. 성경을 보면, 예수님이 얼마나 즐거움을 추구하는 분이신지 알 수 있다. 그분은 여러 사람들과 놀기를 좋아하셨다. 그분은 잔치를 베푸는 분이셨다. 그렇기에 천국을 묘사하는 단어가 바로 잔치다!

하나님의 형상으로 창조된 남자와 여자는 한몸이 되도록 부름받은 존재다. 그리고 하나님은 부부가 관계 안에서 성적 쾌락을 누릴 수 있도록 설계하셨다. 부부가 누리는 쾌락은 하나님이 주신 독특한 선물이다. 아가서를 읽어 보라. 부부의 생활을 아름답게 묘사한 은유가 무척 자극적이다. "그가 왼팔로 내 머리를 고이고 오른팔로 나를 안는구나"(2:6). 그렇다. 그 장면이다. 벌써 마음이 흥분된다.

"마음에 사랑하는 자를 만나서 그를 붙잡고 내 어머니 집으로, 나를 잉태한 이의 방으로 가기까지 놓지 아니하였노라." 애타게 사모하던 연인을 거리에서 찾아낸 후 그를 꼭 붙들고 집으로 들어가는 연인의 흥분된 마음이 느껴지는가. 처음 결혼해서 신방에 들어가던 날이, 아내를 업고서 그 짧은 거실을 지나던 날이 생각난다. 이어, 아가서는 아름다운 육체를 노래한다.

네 입술은 홍색 실 같고, 네 입은 어여쁘고, 너울 속의 네 뺨은 석류 한

쪽 같구나.…네 두 유방은 백합화 가운데서 꼴을 먹는 쌍태 어린 사슴 같구나. (아 4:3, 5)

특히 마지막 절은 가장 나를 흥분시킨다. 이런 이상적인 즐거움을 단 한 순간이라도 만끽해 보았으면 좋겠다. 하지만 나는 늘 욕망이 제대로 채워지지 못해 절망하는 남자다. 질병은 아내로부터 육체의 아름다움을 빼앗았다. 가슴은 항상 축 처져 있고, 입술은 깨물어서 치아 자국이 선명하거나 피가 흐른다. 머리털은 수북하게 빠진다.

하지만 아우구스티누스는 "정욕이 자기만족을 위해 상대방을 즐기는 것이라면 사랑은 하나님을 위해 상대방을 즐기는 것"이라고 말한다. 머리가 숙여진다. 충족되지 않는 욕구를 안고서도 아내를 사랑하라는 부르심이다. 남편의 욕구 해소를 위한 성적인 연합이 아니라 아내를 있는 모습 그대로 즐기고 누리라는 부르심이다.

하나님 앞에서 참된 쾌락을 누리는 법을 나는 지속적으로 배워 가야 한다. 더 이상 젊지도 아름답지도 않은, 말도 못하고 밥도 못하는 아줌마의 모습이지만, 그럼에도 세상에서 가장 아름다운 여자인 내 아내. 그를 있는 그대로 품고, 우리만의 방식으로 친밀함과 즐거움을 나누는 법을 배워 가야 한다.

어두운 그 밤에,

우리의 사랑은 절박한 갈망으로 불붙었다.

아 순전한 은총이여!

...

오, 사랑하는 여인이 연인의 모습으로 변하며

연인이 사랑하는 여인과 하나가 되는 밤이여!

나의 피어나는 가슴에

나는 그 한 사람만을 온전히 간직했다.

  이 글은 유행가 가사도, 소설도 아니다. 어느 낭만파 시인의 시도 아니다. 바로, 영성가 성 요한의 시다. 이 신비주의자는 하나님을 '연인'에, 자신을 '사랑하는 여인'에 비유해서 하나님과의 연합을 노래한다. 그리고 그 연합은 성적인 연합의 모습으로 표현되어 있다. 모든 인간이 꿈꾸어야 하는 가장 궁극적 연합의 체험은 바로 주님과의 연합이다.

  그러나 어쩌랴. 난 성인이 아니다. 성인들처럼 주님과의 연합을 통해 육체의 욕구를 이기는 데까지 나아가기가 힘들다. 오히려 늘 성적인 상상에 시달린다. 주님이 아닌 아름다운 여인과의 연합을 꿈꾼다. 그러다 욕구를 충족하지 못하면 불만족에 휩싸인다. 잘못된 방식으로 성적 욕구를 분출할 때도 있다. 그러나 성적인 연합으로만 외로움을 다스리려는 이 거짓 욕망이 주님과의 온전한 연합을 향한 갈망으로 바뀔 날을 소망하며 기다린다. 성실한 주님의 연인이 되는 날을 갈망한다. 참된 교제를 아는 그분, 진정한 쾌락을 온전히 즐길 수 있는 그분과 함께 살아가는 날을.

7 좀 울게 내버려두오

삶은 멀리서 보면 희극이고 가까이서 보면 비극이다.
_찰리 채플린

아내가 쓰러지고 수술실로 들어가던 날 장모님은 기도원으로 가셨다. 나는 수술하지 말고 기도로 고치자는 장모님의 애원을 거절했다. 화가 나서 기도원에 가신 장모님은 아내가 꼭 낫는다는 응답을 받아오셨다. "김 목사, 내 딸 다 낫는대. 오직 감사만 해!" 말씀에 순종하려고 장인 장모님은 성냥을 한 갑 사시고는 매일 일천 번제를 드렸다. 한 개비의 성냥을 잡고 "감사합니다"라고 말한다. 그리고 왼편으로 성냥개비를 옮겨 놓고 다시 하나를 잡는다. 성냥 한 개비는 한 번의 제사를 알리는 회수요, 동시에 감사의 번제였다. 짐승 대신 성냥개비로 일천 번제를 드린 것이다.

두 분은 무조건 감사하셨다. 기도의 시작은 늘 감사였다. 그 이른 새벽에 기도를 시작하면 장모님은 무조건 "감사합니다"를 외치고 시작하셨다. 그리고 늘 잊지 않고 감사의 예물을 드렸다. 두 분의 재정 형편을 감안하면 정말 큰돈으로. 도대체 뭘 감사해야 하는지 혼란스러웠다. 왜 이렇게 서둘러 감사할까? 상황이 전개 중인데 굳이 감사하려는 이유가 무엇일까? 왜 황급하게 때우는 식으로 감사를 하지? 체면 때문인가? 감사는 하나님의 뜻이라서? 두 분의 행동에 나의 생각이 꼬리를 물고 이어졌다.

감사, 그 참을 수 없는 어색함

그러나 나는 그 말에 알레르기 반응을 보였다. "예, 장모님. 감사, 많이 하세요. 이제 감사만 하시면 되겠네요." 장모와 사위 사이에는 늘 긴장감이 흘렀다. 장모님은 나에게 감사를 강요하셨다. 불평 불만보다 감사가 더 낫다고. 목사이기 때문에, 쓰러진 아내를 두고 감사해야 했다. 높은 직분에 있거나 깊은 신앙을 가진 사람들은 배우자나 자식이 쓰러지면 감사부터 할까?

혼란, 당혹, 당황. 이런 단어가 훨씬 익숙한 내게, 감사에 앞서 울고 싶은 내게, 감사부터 하라는 강한 압박은 인간의 본성을 철저히 거스르는 것이었다. 울어야 할 때 웃으며 감사하는 것만큼 어색한 것도 없다. 어떻게 보면 영적인 폭력과 다름없는 것이다. '왜 불평하면 안 되나요? 하나님께 불평하면 안 되냐고요! 아니요! 난 감사 못 해요!' 나는 아직도 아내의 아픔에 감사하지 못한다. 아내의 화상으로 잃은 다리 한쪽을 두고 '감사합니다'라고 말하지 못한다. 감사하기에는 잃은 것이 너무 많기 때문이다.

하나님께 불평하지 말라고 하시는 장모님은 밤새 자고 깨고를 반복하며 딸을 간호하신다. 중간 중간 "으!" 하고 탄식하면서도 다시 '감사합니다, 감사합니다'를 연발하는 모습을 보면, '감사합니다'는 감사의 고백이 아닌 삶의 버거움에 지친 깊은 탄식으로 들린다. 그 말은 밤이 되면 멈출 수 없는 눈물의 또 다른 이름일 뿐이었다. 인생의 밑바닥에는 고통, 무질서, 혼란, 당혹감이 존재하기 때문에 감사란 결코 생각처럼 쉽게 터져 나오는 것이 아니다.

사람들은 내게, 아내가 살아 있음에 감사하라고 한다. 그 뜨거운 불속에서도 죽지 않고 생명을 유지했음에 감사하라고 한다. 맞다. 나도 그것을 깊이 감사한다. 한쪽 다리는 잃었어도 아직도 남은 몸뚱이가 있으니 감사하라고 한다. 나도 그렇게 생각한다. 한 장의 사진으로 보는 것보다 온기가 있는 아내의 몸을 만지고 돌볼 수 있는 것에 감사한다. 뇌경색으로 4년, 뇌경색에다 화상을 더해 다시 4년 동안 불행으로 가득한 '검은 가방'을 들고 다녀야 했지만, 검은 가방을 들고 낑낑대며 질긴 생명의 끈, 질긴 호흡으로 겨우 삶을 지탱해 왔지만, 그래도 아내가 지닌 생명력을 보며 감사한다.

나는 이런 저런 이유로 감사할 것이 참 많다. 8년의 시간 동안

7.
좀 울게
내버려두오

우리 가정을 채우시고 공급하시는 하나님께 감사한다. 고통 중에도 하나님이 부여하신 생명력으로 자라가는 아이들, 현재 누리는 모든 것을 인하여 감사하다. 아내가 쓰러졌어도 많은 사람들이 찾아오는 것도, 아내가 합병증 없이 8년 동안을 지낼 수 있었던 것도, 욕창 없이 3년을 무사히 지내 온 것도, 모든 것이 감사하다.

그러나 아직도 이런 감사는 하지 못한다. "아내가 병들어서 감사합니다." 이렇게 기도하기에는 아직 설명하기 복잡한 부자연스러움이 내 속에 존재한다. 가끔 모든 것을 감사하라고 강요하는 분들을 만나면 "아내의 다리가 없어서 감사합니다"라고 기도하려다가도 마음에서 솟아나는 뜨거운 분노를 감출 수 없다. 아파 온다. 그건 성냥개비로 감사의 제사를 천 번이나 드리는 장인 장모님의 기도에서도 듣지 못했다. 부모로서 '하나님, 제 딸이 아파서 감사합니다'라고 말할 수 있을까. 난 아직도 그런 기도를 드리지 못할 뿐더러 그런 기도를 드렸다는 사람을 본 적도 없다.

감사라는 폭력

태어난 후 채 몇 달이 안 되어 아이가 죽은 한 가정이 있어 심방을

갔다. 아이를 잃은 부부가 이렇게 기도를 한다. "하나님, 우리 아이가 죄 안 짓고 죽어서 감사합니다. 천국에 가게 되어 감사합니다." 태중에서 열 달을 기다려 고통을 감내하며 세상에 태어난 아이가 몇 달을 살지 못하고 죽었는데, 그게 엄마가 드릴 기도일까. 그 기도는 내가 지난 8년 동안 병든 아내를 간병하면서 주변 사람들에게, 특히 신앙 좋은 분들의 입에서 쉽게 들었던 말이었다. "아이가 죽어서 천국 간 것을 감사해야 해!" 어떻게 이런 감사가 가능할까?

물론 천국은 모든 그리스도인이 사모하는 이상적인 세상, 우리가 꼭 가야 할 세상이다. 그런데 이해할 수 없고 설명할 수 없는 당황스러운 고통을 만났을 때, 사람들은 천국으로 모든 것을 밀쳐 버린다. 그때 내 속에는 천국에 대한 분노라기보다 사람에 대한 분노가 생긴다. '저런 몰상식한 것들, 비정한 것들, 그래 네가 당해 봐라.' '천국이 아이와 함께 살아가는 이곳보다 더 좋은 곳이라면, 아픔이 없는 곳이기에 아픈 사람이 먼저 들어가야 하는 곳이라면, 건강한 당신이 먼저 들어갈 수도 있지 않겠습니까?' 사람들은 왜 꼭 아픈 사람을 먼저 보내려고 할까, 사모하는 마음이 큰 건강한 사람이 먼저 들어가야지 하는 생각도 든다. 어린아이보다 어른이 먼저 들어가야 하지 않을까… 속울음을 삼키며 내 가슴이 말한다. '아프지 않

은 당신의 현재 삶보다 천국이 더 좋으니, 당신 먼저 가세요.'

또 이런 부류의 사람도 있다. 아픔을 겪는 사람에게 와서 현재보다 더 상태가 악화된 사람과 비교하면서 "차라리 잘 되었다"고 말한다. '차라리 감사'는 비교로 감사를 시작한다. 어떤 이가 우리 가정을 위로하러 왔다. 가끔 모르는 분이 오시면 이분이 무슨 말을 할지 몰라 긴장된다. 그분은 사지 없이도 열정적으로 자신의 삶을 살아가는 닉 부이치치(Nick Vujicic)라는 장애인 이야기를 꺼낸다. "목사님, 사지가 없어도 저렇게 하나님의 영광을 위해서 쓰임받잖아요. 사모님도 일어나서 그렇게 일하실 줄 믿습니다."

무슨 말을 하려는지 나도 잘 알겠다. 그러나 동시에 왜 내가 그 사람을 본받아야 하는지 의구심이 든다. 내 아내는 잃은 것이 다리 한쪽뿐이라서 당연히 일어나고, 그 사람보다 더 놀라운 일을 위해 전 세계를 다녀야 하는가. 그것을 바라보며 그런 조건을 주신 하나님을 찬양하라는 뜻인가. 난 아내의 상태를 보며 아내보다 못한 사람과 비교해서 감사를 드린 적이 없다. 비교를 하려면 더 건강한 사람, 미모가 출중한 사람과 비교할 것이다. 굳이 내 아내보다 더 심한 장애를 입은 사람과 비교할 마음은 추호도 없다. 결혼해서 아이 셋을 낳고도 아무런 아픔 없이 살아가는 부부들도 많다. 나와 같은

40대 후반에도 여전한 아름다움을 간직하고 살아가는 건강하고 젊은 부부 목회자들도 많다. 새벽 이른 시간에 손잡고 새벽기도에 가는 젊은 목회자 부부들을 볼 때마다 내 손이 허전하다. 무더운 여름에도 마음이 시리고, 축복하는 마음보다는 시기와 불만이 올라온다.

비교로는 결코 참된 감사를 할 수 없다. 자기보다 좋은 형편의 사람과 비교하든, 나쁜 상황에 있는 사람과 비교하든 감사는 비교에서 얻는 것이 아니다.

사람들은 이런 식의 감사가 폭력이라는 사실을 잘 알지 못한다. 비교를 통한 감사는 쉽게 좌절하게 한다. 남과의 비교를 통한 감사는 모래 위에 세운 집과 같이 부실하다. 순식간에 무너진다. 자신의 삶을 허구 위에 세우기 때문이다. 억지 감사는 위선이다. 비교하는 삶은 결코 만족을 모른다. 만족 없이 어떻게 감사가 가능할까. 그것은 감사가 아니라 거짓이다. 평안을 위장하고 잠깐의 위안을 누리는 척하지만 바뀌지 않는 상황으로 더 큰 실망을 낳는다. 하나님이 두려워서 얼렁뚱땅 감사하려 하지 말자. 감사가 솟을 때까지 기다리자. 잘 견디기 위해 나보다 더 어려운 사람과 비교하지 말자. 각자의 삶은 너무도 다르다.

내가 아직도 아내의 아픔을 두고 감사하지 못하는 것이 더 나뿐 상황의 사람을 만나지 못해서 그런 것이 아니다. '대답을 알지 못하면 말하지 않는 편이 낫다'고 누가 말했듯, 감사해야 할 이유를 알지 못하면서 서둘러 감사의 이유를 찾을 필요는 없다. 그리고 고통받는 자에게 감사를 강요하는 것은 사람을 무시하는 태도일 뿐 아니라 잔인한 일이다. 물리적 폭력보다 더한 아픔을 주는, 마음 깊은 곳을 때리는 영적인 폭력이다.

애통하라!

'감사하라', '기뻐하라', '하나님의 뜻이 있다'는 말들은 나를 집요하게 괴롭히는 말들이다. 그런데 사실 이 말들은 다 성경에 나오는 것들이다. 힘들고 어려울 때 하나님의 뜻을 믿음으로써 고난을 이긴 경우가 얼마나 많은가. 그러나 하나님의 뜻을 몰라 혼돈 상태로 살아가는 순간에도 감사하라고 하는 이유는 무엇일까. 성도라면 마땅히 따라야 할 미덕을 나타내는 표현들이지만, 도대체 무엇을 감사하고, 언제 감사하고, 어떻게 감사해야 하는지 의문이 들기 시작했다. 그래서 의심의 눈초리로 성경을 읽어 나갔다. 분노와 탄식의 시편, 욥기와 잠언, 예언자들의 글, 신약 성경도 읽었다. 어디 감사라는 단어가 나오는지, 단단히 벼르며 샅샅이 읽었다.

그렇게 성경 곳곳을 뒤진 후에 안도감이 몰려 왔다. 역시 우리 하나님이시구나 하는 생각이 들었다. 성경에는 우리가 과도하게 드리는 만큼 감사를 언급하는 본문이 생각보다 많지 않았다.

우리 삶에 가장 지혜로운 안내서로 여기는 책은 잠언이다. 그런데 잠언에는 놀랍게도 감사라는 단어가 단 한 번 나온다. 삶을 살아가는 법을 가르치는 잠언에 감사라는 단어가 단 한 번 언급된다는 사실이 놀랍지 않은가. 31장에서 현숙한 여인이 자녀들에게 감사의 인사를 받는다. 그게 전부다. 잠언은 자녀에게 감사하는 법을 가르치는 것이 아니라 지혜로운 삶을 가르친다. 악인을 따르지 않는 법, 선을 행하는 법, 의인으로 사는 법 등을 말이다. 잠언은 '가식을 강요하는 문화'와 아무런 관계가 없다.

사회적으로 아주 안정되어 성실하게 살면 재물의 복을 얻고, 정의가 살아 있어 정직하게 살면 승승장구하는 배경을 전제로 기록된 잠언과 달리, 예언서는 모든 것이 역전되고 뒤집어진 사회를 배경으로 기록되었다. 이런 예언서의 사회에서는 성실할수록 손해를 입는다. 정직할수록 바보 취급을 당한다. 그래서 예레미야애가에는 감사가 등장하지 않는다. 슬픔뿐이다. 탄식과 애환뿐이다. 감사는 장차 회복될

삶에서 나올 예언과 같은 것일 뿐, 현실적인 삶에서 감사는 없었다.

산상수훈에 나오는 팔복을 읽다가 위로를 받았다. 애통하는 자에게 복이 있다고 말씀하신다. 예수님은 하나님 나라가 어떤 곳인지를 묘사하면서, 애통하는 자에게 위로를 약속하신다. 우리는 예수님 앞에서 울고 아파할 수 있는 사람들이다. 우리가 기뻐하고 즐거워하는 이유도 하늘에서 받을 상급 때문이지, 현재 겪는 박해 자체가 기쁘기 때문이 아니다.

성경에는 생각보다 불평하는 삶이 많다. 예언자들이 불평한다. 그들은 마귀의 자녀들이 아니라, 위대한 하나님의 종들이다. 예언자들이 하나님을 원망한다. 그들의 생애 가운데 감사라는 단어는 거의 보이지 않는다. 오실 메시아에 대한 소망은 있지만 그들의 현재는 '눈물을 흘리는 짐승' 같았다.

제임스 패커(James Packer)는, 아픈데도 울지 못하게 하고 감사하라고 하는 것은 "성경적 기독교의 한 형태가 아니라 르네상스 이후 서구 문화에서 볼 수 있는 플라톤의 유산"이라고 말한다. 그들은

"이성이 흐트러지지 않도록 하기 위해서" 감정을 누르고 다스려야 한다고 보았다. 하지만 패커는 "거듭난 사람은 지성을 통해서 느끼고 감성을 통해서 다스린다"고 했다. 그래서 탄식의 기도는, "하나님 중심으로 느끼는 지성과 하나님 중심으로 사고하는 감정을 지니고서, 하나님의 최선과 현재 우리의 모습 간의 거리를 깊이 생각할 때" 나오는 기도다.

사람들은 원망과 불평을 담은 탄식의 기도를 감사와 찬양의 기도보다 못한 것으로 생각한다. 그러나 안토니 블룸(Anthony Bloom)은 "탄식의 기도를 할 수 있느냐 없느냐가 신앙의 존재 여부를 가늠하는 척도이기 때문에, 아무도 탄원을 무시해서는 안 된다"고 했다. 탄식 기도는 거절감과 고통을 참을 만큼 깊은 신뢰를 바탕으로 하기에 신앙의 존재 여부를 가늠하는 척도로 삼을 수 있다.

원망으로 하나님 앞에 나아가는 것도 기도다. 분노로 그분의 이름을 부르는 것도 참된 기도다. 아무리 힘들어도 감사를 먼저 해야 한다는 생각 속에는 불평하면 하나님의 책망을 받을지도 모른다는 두려움 때문이다. 나는 하나님이 모든 상황을 통치하시는 선하신 분임을 믿기에 그분께 불평한다. 원망과 불평은 하나님의 성품을 믿기에 나오는 탄식이다.

시간이 필요하다

나는 박완서 선생님의 글을 좋아한다. 선생님은 6.25의 처참함과 전쟁으로 인한 상실감을 소설의 주된 소재로 사용하셨다. 그렇게 오랜 세월이 지나고 아픔을 소설로 쓸 수 있을 만큼 무뎌지고 치유받았다고 생각했을 때, 다시 처참한 아픔이 찾아왔다. 1988년 그 화려한 올림픽이 열리던 해에 그만 하나밖에 없는 아들을 잃은 것이다. 세상은 축제로 흥분의 도가니였지만 선생님은 홀로 깊은 스올로 내려가셔야 했다.

그때의 마음을 담은 책 「나의 가장 나종 지니인 것」(문학동네)은 장성한 아들을 잃고 하소연하는 엄마의 일상을 소설화한 것이다. 주인공은 죽은 아들만 생각하며 아파트 주소를 잊어버릴 만큼 멍한 정신으로 지내다가 살아 있는 딸들의 혼기마저 놓쳤다. 어떤 때는 독자인 아들을 잃은 것보다 두 딸 중 하나를 잃는 것이 더 낫다는 몸서리치는 생각도 한다. 주변인들의 일상적인 행동을 보며 일어나는 분노와 외로움을, 맑고 밝은 햇살만 솟아도 일어나는 자격지심을, 밤을 꼬박 새우는 저린 가슴으로 긴 호흡의 문장을 쓰셨다.

"생떼 같은 목숨도 하루아침에 간데없는 세상에 물건들의 목숨은 왜 그렇게 질긴지…"라며 죽은 아들보다 더 오래 사는 물건들을 보며 우시는 선생님의 모습이 내 모습이었다. 선생님은 말씀하신다. "전 그 울음을 통해 기를 쓰고 꾸민 자신으로부터 비로소 놓여난 것 같은 해방감을 느꼈어요." 선생님은 "통곡의 벽이 우는 법이 어디 있데요"라며 울음을 참고 잘 살던 형님이 어느 날 흘리는 눈물을 보며, 모든 인간이 운다는 사실로 소설을 맺는다. 누구나 운다.

아들 하나를 잃고도 목 놓아 울고 정신을 잃으며 사는데, 만약 자녀 열 명을 동시에 잃는다면 그들은 부모로서 어떻게 살까. 욥은 믿음의 선진들과는 달리 순조롭게 자녀를 얻은 것 같다. 그러나 열 명의 자녀를 광풍으로 한 날 한 시에 잃었다. 우애가 좋던 욥의 자녀들은 잔치가 열린 맏아들의 집에서 음식과 포도주를 먹고 있었다. 그때 바람이 기둥을 쳐서 열 명의 형제들이 집에 깔려 죽었다.

욥. 욥은 어려움 속에서도 하나님께 감사한 사람이었다고 사람들은 자주 말한다. 그러나 찬찬히 성경을 읽어 보면 욥은 결코 '자주' 감사하지 않았다. 고통당할 때 욥은 감사하다는 말을 한 번도 하지 않았다. 그는 고통이 찾아왔을 때 머리털을 밀었다. 옷을 찢고 땅에 엎드렸다. 그는 슬픔을 숨기지 않고 오히려 사람들에게 정직하게 드러냈다. 끊임없이 불평하고 하나님께 의문을 제기했다. 내가 만난 욥은 불평꾼이었다. 그는 침묵으로 견딘 것이 아니라 하나님께 항거했다. 그리고 놀랍게도, 하나님도 욥의 불평을 다 받아 주셨다. 욥은 그렇게 불평을 하고도 하나님의 얼굴을 보았다. 그가 얼마나 오랫동안 아파했는지는 알 수 없다. 그러나 욥기 전체에서 쏟아지는 불평을 기록한 본문의 분량만 봐도 그가 적잖은 시간 동안 탄식하고 슬퍼했음을 짐작할 수 있다.

하나님마저 우리를 아프게 하는 존재가 될 때, 비록 인간이지만 얼마든지 하나님께 대들고 따질 수 있다. 현재 일어난 슬픈 일에 감정적으로 감사하라고 강요당하는 것이 아니라, 슬퍼할 여유를 갖고 싶다. 하나님은 아픔을 겪고 있는 나에게 감정적으로 기뻐하라고 명령하는 분이 아니다. 내 삶의 주권자를 안다 해서 당장 통증으로 찡그린 얼굴을 해맑은 얼굴로 바꿀 수는 없지 않은가. 치명적인 암에 걸려서 예수님을 믿게 되었다고 암을 축하할 수는 없지 않은가. '아픈 것' 자체가 주는 고통에 단련될 때까지 시간이 필요하다. 슬픔이 지나가야 웃음이 나온다.

더 이상 가식적으로 살지 말자. 위선적 감사는 인간성을 파괴하고 인간의 감정을 왜곡한다. 감사하기 전에 삶의 아픔을 치유할 시간이 필요하다. 시간이 지나고 나면 평소에 보이지 않던 것들이 보이기 시작하고 그것의 소중함을 깨달을 수 있다. 우리는 그때 감사할 수 있다. 그 시간까지 그냥 좀 내버려두시라. 아무 소리 하지 말고 그냥 옆에 있어만 주시라. 나를 이해한다느니, 하나님이 선하시다느니, 뜻이 있다느니 하지 말고 나 좀 울게 내버려두시라.

진정한 감사

물론 나도 감사하는 일들이 많다. 사실 너무도 많다. 아내가 아프면서부터 매일 도움을 받고 살아왔다. 이전에는 내가 도움을 베푸는 사람인줄 알았는데 아내의 질병으로 수많은 도움의 손길들이 다가왔다. 막내 윤지가 초등학교에 갈 나이라고 입학 전에 읽을 책을 보내 준 사람도 있었다. 나의 첫 책을 읽고 내가 신발을 사지 않는다는 사실을 알고 신발을 사서 보내 주신 분도 계셨다. 가을이 오면 고구마, 단감을 보내 주신다. 나는 그들의 눈썰미와 정성스러운 사랑 때문에 늘 놀란다.

또한 내 부족함을 인해 감사한다. 아내의 아픔이 나 스스로 극복할 수 없는 삶의 큰 빈자리를 만들었다. 나는 혼자서 살아갈 수 있는 인간이 아님을 알게 되었다. 그것을 감사한다. 이 불편하고 답답한 삶 속에서도 하나님의 은혜를 입는 것이 너무도 감사하다. 아내 덕분에 인간으로서 나와 하나님의 성품을 알아 갈 수 있어 감사하다. 마르바 던은 범사에 감사하다는 말이 "사건을 통하여 하나님의 섭리와 성품과 뜻"을 깨달을 때 나온다고 했다. 내가 그러하다. 난, 그런 의미에서 범사에 감사한다.

'감사하다'를 뜻하는 히브리어는 '고백하다'라는 말과 같은 어근에서 나왔다. 고백적인 감사를 생각해 보라. 그것은 삶의 어떤 상황을 전제로 한다. 감사 기도와 탄식 기도는 대체로 질병, 죽음과 같은 절망적인 상황에서 함께 나온다. 그런 배경에서, 탄식의 기도는 하나님의 주권을 인정하지만 상황의 전환이 없을 때 나온 것이고, 감사 기도는 환란에서 구원을 받았을 때 드려진 것이었다. 이런 점에서, 일어나지도 않은 일에 대해 하나님의 주권을 믿음으로 선포하며 감사 기도를 드리는 것은 조금 이상한 일이다. 일어난 일을 두고 감사하는 것이 훨씬 자연스러운 일이다. 사람마다 믿음의 분량이 다르겠지만, 대부분의 사람이 자연스럽게 감사할 수 있는 것은 사건 자체가 아니라 하나님의 일하심을 볼 때 감사할 수 있다.

윤지가 어버이날 감사 편지를 적었다. "엄마, 나를 나아 주셔서 감사합니다."

'낳다'에서 받침이 틀린 것처럼 윤지의 인생을 받쳐 주어야 하는 엄마의 빈자리가 크다. 그래도 윤지는 자신이 아픈 엄마를 통해 이 땅에 태어난 것을 감사한다. 이것이 범사에 드리는 감사다. 범사의 감사는 모든 것을 감사하는 것이 아니라 하나님의 임재와 통치를 깨달을 때 드리는 감사다.

우리는 환난을 당하면 삶의 자세나 태도를 바꾸기보다는 감사 헌금이나 예물로 하나님을 한 순간에 만족시키려는 경향이 있다. 그러나 감사의 제사는 이전에 드리지 못한 것을 일시불로 드리는 것이 아니라, 회복해야 할 삶의 태도와 방식을 우선적으로 바꾸는 것이다. '감사의 제사'는 말의 반복이 아니라 옳은 행위로 돌이키는 것이다(시 50:23). 감사는 말이 아니다. 도둑질하고 외도하던 친구들과 관계를 끊고 새로운 관계를 맺고 살아가는 것이다. 그러니, 병든 배우자를 잘 돌보는 행위 자체도 감사다. '좋은 말'의 씨부렁거림이 아니라, 삶의 불편과 고통에 찌들어 가끔 불평하면서도 자기 아내를 돌보고, 때로는 원망하면서도 부정한 관계를 거부하고 돌이켜 외롭게 사는 것이다.

잠을 자다 일어나 아내의 기저귀를 갈고, 새벽기도회에서 돌아와 다시 아내에게 밥을 주고, 혹시나 온 몸에 이상이 없는지를 살피는 것이 감사의 제사다. 나는 말에 서툴다. 그러나 말은 적어도 하나님이 원하시는 순종으로 늘 감사의 제사를 드린다. 감사의 제사는 사랑이다. 사랑이 제물이다.

8 돈 없이 살아가기

하나님은, 막대한 재산이 아니라 막힘 없는 통로가 되려는
겸손한 의지를 가진 평범한 사람들을 쓰신다.
_리처드 포스터

"야야, 그 돈 다 우예 감당하노?"

어머니는 항상 물으셨다. 아내를 간호하며 무거운 재정 부담을 지고 사는 나를 볼 때마다 안타까우셨으리라. 내 대답도 변함없었다.

"에이, 걱정 마세요. 하나님이 다 주셔!"

당시만 해도 믿음이 없었던 어머니는 아들의 말을 신기해하며 말씀하시곤 했다. "야야, 너그 하나님은 참 좋은 분인갑다." 치료와 간병을 위한 막대한 비용이 매번 채워지는 것을 본 어머니는 늘 놀라워하셨다. 그러면서 "그 빚 언제 다 갚나"는 말씀을 잊지 않으셨다.

다른 한 분의 어머니, 우리 장모님은 필요한 재정을 채워 달라는 기도를 빠뜨리지 않으셨다. 장모님은 딸의 간호 비용을 위해 하루도 빠짐없이 기도하신다. 그러니 그 많은 재정이 채워질 때마다 장모님은 기도 응답을 받았다고 말씀하신다. 하나님은 걱정하는 어머니의 마음과 기도하는 어머니의 마음을 아시고, 우리 삶의 필요를 항상 채워 주셨다.

돈의 위력

여태껏 읽어 본 치유에 관한 간증서들에는 돈 이야기가 거의 나오지 않는다. 그때마다, 그분들은 병이 생기자마자 기적적으로 나아서 돈이 급하게 필요한 시간이 없었나 하는 생각이 든다. 내가 경험한 바로는, 돈이야말로 환자가 생존하는 데 필요한 유일한 최고 수단이다. 자본주의 사회에서는 만사가 돈이긴 하지만, 병이라는 현실 앞에서 그 위력은 더욱 실감나게 다가온다. 질병은 마치 '돈 먹는 하마' 같아서 아무리 작은 병이라도 그에 따른 재정 부담은 가족의 삶을 위협한다. 하물며 불치병 환자들은 어떨까. 병의 원인을 찾는 데 수많은 시간과 재정을 쏟다. 성경의 혈류병 든 여인처럼 의사를 찾아다니면서 모든 것을 탕진한다. 결국 불치병 환자가 있는 가정은 점점 더 가난으로 내몰린다. 질병이 빈곤층을 양산하는 숙주 같다고 느끼는 건 그 때문이다.

아내의 수술과 치료 과정, 그리고 지금도 이어지는 요양과 간병 과정에서 돈은 거의 모든 것을 결정하는 요소였다. 처음엔 수술비와 입원비만 감당하면 되겠지 했는데 집에서 시작된 간병 기간이 길어지면서 아내 간병에 들어가는 비용은 가히 천문학적 수준이 되었다.

거기에 자녀 양육에 드는 돈까지 생각하면 일상생활에서 자꾸 돈 타령을 할 수밖에 없는 상황이 발생했다. 누구에게나 돈이 필요하고 돈으로 삶을 유지한다. 돈 없이 살 수 있는 사람은 아무도 없다.

중환자실에 있을 때, 돈은 아내의 생명을 살리고 죽일 수 있는 능력처럼 보였다. 생명을 두고 촌각을 다투는 응급실로 환자를 입원시키면 제일 먼저 비용 처리를 요구한다. 환자의 상태가 위급해도 지급 능력이 가능한 보증인을 세운 뒤에 진료한다. 드라마에서 응급 환자의 수술과 처치는 '생명'이 먼저였지만 드라마는 드라마일 뿐 현실에서는 재정의 유무가 최우선 조건이었다.

돈이 생명을 지배하는 세계. 돈이 많다면 이 병원 저 병원, 이 방법 저 방법을 모두 동원하여 아내를 일으킬 수 있을 것 같았다. 아버지가 물려주신 '어떻게든 되겠지' 신앙을 가진 나도, 돈에 대한 강박에서 자유롭지 못했다. 늘 불안이 맴돌았다.

그래, 사람이 먼저다

목숨을 위하여 무엇을 먹을까, 무엇을 마실까, 몸을 위하여 무엇을 입을까 염려하지 말라. 목숨이 음식보다 중하지 아니하며 몸이 의복보다 중하지

아니하냐. 공중의 새를 보라. 심지도 않고 거두지도 않고 창고에 모아들이
지도 아니하되, 너희 하늘 아버지께서 기르시나니, 너희는 이것들보다 귀
하지 아니하냐. (마 6:25-26)

이 말씀의 의미가 절박하고 실제적으로 와 닿는 순간은, 아무래도 일상이 잔잔한 때보다는 삶이 벼랑 끝에 다다를 때다. 돈에 생명이 좌우되는 상황이다. 나를 포함한 중증환자의 가족들은 돈이 생명을 구원해 준다는 거대한 착각에 사로잡힐 수밖에 없다. 그러나 돈은 결단코 생명을 다스리거나 주관하지 못한다. 정기적으로 지불해야 하는 병원비가 돈의 위력을 실감나게 했지만, 하나님은 각양각색의 방법으로 그분의 주권을 인식하게 도우셨다. 조금씩 담대함을 되찾았다. 맞다, 돈보다 사람이 먼저다! 돈이 없어도 하나님의 은혜로 살고, 돈이 많아도 하나님이 호흡을 거두시는 순간 죽는다는 단순한 진리를 다시금 붙잡았다. 생명의 주관자는 하나님이시다.

돈에 대한 강박을 내려놓으면서, 회복에 대한 강박적인 태도를 버렸다. '낫는다'는 것에 대한 집착을 내려놓았다. 그리고 아내를 일상으로 복귀시켰다. 아내의 상태는 변함없었지만 아내는 환자가 아닌 배우자로, 엄마로 돌아왔다. '가정'으로 돌아온 것이다. 질병과 돈

의 관계를 떼어 놓고 보니 두려움과 염려에서도 어느 정도 벗어났다. 그리고 비어 있는 것을 채우시는 은혜를 믿었다. 돈 없이 살 수 있다는 말이 아니다. 사람이 돈보다, 참새 한 마리보다 더 중요하다고 말씀하시는 하나님을, 각 사람의 머리털을 셀 만큼 자세하게 아시는 그 하나님의 창조 질서를 믿었다. 그렇다. 사람이 돈보다 중요하다. 비교할 수 없을 정도로.

실제로 하나님은 무척이나 다양한 손길들을 사용하셔서 부족하지 않도록 우리 재정을 섬세하게 채워 주셨다. 참 감사한 일이다. 공급하시는 하나님의 실재를 직접 경험하면서, 안정의 기반이 결코 소유에 있지 않다는 굳건한 진리를 나는 확실히 깨달아 가고 있다.

나를 책임지는 공동체

「세상 속의 교회, 교회 속의 세상」(홍성사)이라는 아주 도전적인 책에서, 저자 김두식 교수는 이렇게 묻는다. "당신의 불안한 미래를 위해서 교회를 신뢰하겠습니까, 보험회사를 신뢰하겠습니까?" 이 물음에 어떻게 답하겠는가. 비그리스도인이라면 물을 필요도 없을 것이다. 그런데 저자는 신앙인들도 대부분 교회보다 보험회사를 선택할 것이라고 한다. 교회는 성도가 어려움에 처했을 때 와서 기도만 하고 돌아가지만 보험회사는 돈을 주고 가기 때문이다. 교회의 현주소를 기막히게 잘 드러낸 이 이야기는 '공동체가 없는 신앙'을 단적으로 보여 주는 사례다. 어려울 때는 마음을 만지는 기도보다 눈앞의 필요를 채워 주는 돈이 더 절실하다.

진정한 공동체는 어려움이 찾아오면 서로 책임을 지는 공동체다. 인격적 교제와 나그네를 대접하는 환대가 살아 있는 공동체는 '소유'의 방식보다 '존재'의 방식을 따르는 힘이 있다. 초대교회는 그리스도를 따르다 박해를 받거나 일할 능력이 없는 사람들, 감옥에 갇힌 자들, 궁지에 빠진 사람들을 책임지고 부양하는 공동체였다. 엄격한 금욕과 경건 생활로 유명한 미국의 아미시 공동체도 그 일원이 병에 걸리면 공동체에서 병원비를 대주기 때문에 보험회사가 필요 없다고 한다. 예수님도 항상 오병이어 같은 기적을 일으키며 사역하신 것은 아니었다. 굶주린 무리를 위해서는 기적을 베풀었지만 정작 자신의 배고픔을 채운 것은 왕궁에서 나온 요안나와 수산나 같은 부자들의 재정적 후원을 통해서였다(눅 8:3). 그리고 제자 공동체야말로 그분께 먹을 것을 공급하는 방편이었다.

반면, 현대인들은 서로를 책임지는 깊은 관계를 맺지 못한다. 그래서 위기 앞에 더욱 불안하다. 스펙을 아무리 완벽하게 쌓아 봤자, 은혜의 공동체가 없는 미래는 불안하다. 독일 저널리스트 바스 카스트(Bas Kast)의 「선택의 조건」(한국경제신문사)이라는 책에 아미시 공동체 이야기가 나온다. 미국의 일반 여성들과 아미시 공동체 여성들을 비교한 연구 결과가 매우 흥미롭다는 것이다. 신체 건강 면에서는 두 집단 사이에 별 차이가 없었지만, 정신 건강 면에서는 큰 차이가 나타났다. 일반 여성들이 아미시 여성들에 비해 불안장애는 약 3배, 우울증은 약 10배나 높게 나타난 것이다. 공동체가 지닌 힘이 여기 있다.

본래 넉넉지 못한 우리 가정이 아픈 아내와 함께 살 수 있었던 것은 공동체적 인간관계 덕분이었다. 이전에도 우리는 항상 만나 더불어 먹었고, 서로의 필요를 조금씩 채우며 함께 살았다. 우리 가정에서 이루어지는 일상생활은 인간관계를 위한 놀이터였다. 그토록 가난했던 내가 집안의 도움 없이 대학을 마칠 수 있었던 것도 전적으로 공동체 선후배들의 나눔 덕분이었다.

그런 관계는 아내가 아픈 후에도 지속되었다. 아니, 더 많은 사람들이 찾아왔다. 방문할 때마다 그들은 봉투를 주고 갔다. 오천 원, 만 원, 십만 원, 백만 원, 수백만 원을 받았다. 지금까지 받은 누적 후원금은 수억에 이른다. 내가 관계 맺고 있었던 많은 사람들과 교회 공동체 사람들이 우리 가정의 재정을 책임졌다. 보험회사가 아니라 믿음의 형제자매들이 내 삶을 책임졌다! 모든 발길이 우리에겐 위로였다. 가족이 병들었을 때 혼자서 책임을 지면 보호자도 병이 든다. 그러나 공동체가 조금씩 도우면 보호자도 보호를 받고 쉼을 누린다. 끊임없이 위로차 방문하는 신앙의 벗들을 보며, 늘 불평하시던 장모님도 "우리 사위가 이렇게 대단한 인물인줄 이제야 알았다"고 하셨다. 내 인생 최악의 상태에서 최고의 공동체를 경험했던 것이다.

루터는 "복음의 자유가 우리를 해방시켜 한 마음으로 이웃을 섬기게 한다"고 하면서 이런 공동체적인 섬김의 삶을 '단순한 삶'이라고 불렀다. "그리스도인은 자기 안에 살지 않고 그리스도와 이웃 가운데서 산다. 그렇지 않다면 그리스도인이 아니다." 루터가 말한 단순한 삶에 충실한 이들이 바로 우리 가정의 어려움을 채워 준 하나님의 종들이었다. 그들을 통해 받은 은혜는, 다시 우리를 다른 이웃의 종이 되게 하여 받은 은혜를 나누며 살게 한다. 은혜는 우리를 만인의 종으로 만든다.

그러니까, 아내의 병으로 인해 내가 새롭게 배운 것은 단순히

'돈 없이 사는 삶'이 아니라 '다른 방식으로 사는 삶'이다.

연말에 아이들과 감사 예배를 드렸다. 교회에서 발급받은 기부금 영수증을 보여 주며 감사를 나누었다. 우리 교회는 전임교역자들이 세금을 내기에 기부금 영수증을 발급받을 수 있다. 내 기부금 영수증에 기록된 한 해 헌금 총액을 보니, 작년에는 특별히 더 많은 헌금을 드렸음을 알게 되었다. 맏딸인 '춘녀'(내가 '사춘기 소녀'인 딸에게 붙여 준 애칭) 윤영이가 물었다.

"아빠, 아빠가 교회에서 1년 동안 받은 월급은 얼마예요?"

"글쎄, 아마 2천8백만 원쯤 될 걸."

내 말을 들은 춘녀가 잠시 무언가를 생각하는 눈치더니 충격적인 대답을 던졌다.

"에이, 이제부턴 교회에 헌금하지 마세요. 받은 거나 드린 거나 거의 같잖아요!"

손익을 따져 보고 던진 춘녀의 말에 아내도 나도 한참 웃었다. 한편으로 딸을 잘못 가르친 것을 회개해야 하나 하는 생각이 스치

기도 했다. 한참 웃은 뒤 정색을 하고 말했다.

"딸아, 네가 틀렸어. 아빠가 이만큼 헌금을 했다면, 하나님이 아빠에게 주신 돈은 대체 얼마겠니?"

정말 그렇다. 이것이 하나님이 우리를 인도해 오신 놀라운 방식이다. 감사 예배를 마치면서 아이들과 함께 찬양을 올려 드렸다. "나의 공급자, 나의 생명, 놀라우신 하나님. 내가 원하는 모든 것보다 더욱더 귀한 나의 주님. 주님의 그 모든 것이 내 삶을 가득 채우네."

자족을 배우는 삶

자족(自足)이란 가진 것에 만족한다는 뜻이다. 그것은 '소유의 양'이 아니라 '만족의 정도'를 말한다. 인간은 하나님의 공급하심을 신뢰할 때 자족을 배울 수 있다. 신뢰가 없다면 그것은 자족이 아니라 마지못한 포기일 뿐이다. 진정한 자족은 우리로 하여금 기도하게 한다. 일용할 양식을 구하고 하나님이 주실 것을 기다린다.

사도 바울은 말했다. "내가 궁핍함으로 말하는 것이 아니라 어떠한 형편에 처하든지 자족하기를 배웠노라." 자족은 어떤 형편에 처하든지 그 삶의 처지를 다룰 줄 아는 능력이다. 물론 자족한다고

해서 괴로움이 없다는 말이 아니다. 바울은 빌립보 성도들에게 다시 후원을 받았을 때 "너희가 내 괴로움에 참여하였으니 잘 하였도다"라고 하면서 그동안 자신이 겪은 괴로움을 언급한다. 그는 괴로웠지만 견디는 능력을 배웠다. 재물이 부족해도 살아갈 수 있다. 자족하는 사람들은 '이것이 없으면 절대 안 돼'라고 하지 않는다. 그래서 바울은 "먹을 것과 입을 것만 있으면 자족하라"고 했다. 또한 모세는 광야 생활에서 만나를 통해 자족을 배웠다.

나는 자족의 삶을 배우면서 돈을 대하는 태도가 달라졌다. 하나님이 주신 돈을 진지하고 책임 있게 관리하는 것의 중요성을 깨달은 것이다. 그래서 여태껏 써 본 적 없는 가계부를 쓰기 시작했다. 지출 내역을 항목별로 나누고 충동적 지출을 줄이려 예산을 세웠다. 계획이 번번이 무너졌지만 몇 년간 꾸준히 관리해 나가자 빚을 조금씩 갚을 만큼 재정을 운영할 수 있었다. 충동적 지출로 돈이 어디로 빠져 나가는지 알 수 없어 늘 좌절감에 빠지던 내가, 주인이 주신 것을 성실히 관리하는 청지기로 변화되고 있었다.

또한 나는 헌금에 대한 강박적 헌신에서 벗어났다. 나는 돈이 많아지면 잘 관리하기보다는 무조건 헌금으로 드려야 한다는 강박이 있었다. 돈을 소유한다는 것만으로 죄책감과 불쾌감을 느꼈다.

8.
돈 없이
살아가기

중환자인 아내를 두고도, 조금만 재정이 생기면 '나중에 필요할 때 또 채워 주시겠지' 하는 생각으로 여기저기 헌금을 드렸다. 어찌 보면, 한 방의 은혜로 모든 게 역전되기를 꿈꾸는 '영적 대박 심리'였는지도 모른다. 그러나 자족을 배우면서, 돈을 저축해 나가기 시작했다. 투병 기간이 끝나고 난 뒤에 헌금을 드려도 늦지 않다. 단기간의 목적을 위해 땅에 쌓아 두어야 할 때가 있는 것이다. 그리고 나는 아내와 나 자신을 위해 돈을 쓸 수 있는 '담력'도 얻었다. 처음에는 우리 부부를 위해 돈을 쓴다는 사실이 부자연스러웠다. 이래도 되는 걸까…. 그러나 자족의 방식을 익히면서, 아내를 위해 옷을 사고 선물을 구입할 수 있었다.

자족이란, 돈이 많든 적든 하나님이 주신 것을 기쁨으로 사용하고 만족하며 사는 것이다. 이처럼 자족은 우리에게 기쁨을 주었고, 가난 속에서도 미래에 대한 염려를 벗고 현재를 누릴 수 있는 자유를 주었다.

네가 주어라!

자족은 나를 돈에 대한 소유욕에서 벗어나 다른 사람의 필요에 더욱 민감하게 만들었다. 부자의 푼돈보다 적은, 과부의 생활비 같은 나의 재정을 하나님은 나누기 원하셨다. 생애 첫 책의 원고를 출판사에 넘기고 흥분에 빠졌다. '아, 드디어 책이 나오는구나. 책의 인세로 뭘 할까…' 그전까지 책으로 돈을 번다는 생각을 해 본 적이 없었다. 그런데 막상 원고를 넘기고 나니 내가 쓴 책이 베스트셀러가 되어 엄청난 인세가 들어올 것 같은 환상에 빠졌다. 혼자 흥분해 있는데 성령이 마음을 울리신다.

'병년아, 그 돈 네 돈이 아니다.'

나도 속으로 대답했다. '아니, 아직 인세도 안 받았는데 이 무슨 말씀이세요.'

다시 한 번 성령이 단호히 말씀하신다. '그 돈 네 돈이 아니다.'

'그럼 누구 돈이란 말씀이세요?'

'그건 다른 가난한 사람의 돈이다.'

나는 결국 애교 섞인 반항을 끝으로 항복했다.

'하나님은 도대체 제가 풍성한 꼴을 못 보시네요.'

그리고 찬찬이 지난 시절을 생각나게 하신다. 8년을 어떻게 살아왔는지, 어떤 은혜와 도움의 손길을 누렸는지. 그분 뜻을 확인하니 주저할 이유가 없었다. 은행에서 1,500만원을 대출해 어려움에 빠진 한 가정이 삶을 꾸려 갈 수 있도록 트럭을 한 대 사 드렸다. 이렇듯 하나님은 내가 오랫동안 진 사랑의 빚을 갚도록 하는 분이셨다. 어떤 때는 없는 돈을 꾸어서라도 주라고 하실 때가 있다. 물론 대부분은 내가 받은 것, 내게 있는 것을 나누라 하신다. 이 세상에는 과하게 나누어서 망하는 사람보다 소유욕으로 자신의 삶과 영혼을 망치는 사람들이 더 많다. 하나님은 말씀하신다. 주라. 그리하면 네가 망하지 않으리라!

아내를 위해 이동 침대를 구입한 적이 있다. 4백만 원쯤 하는 고가의 물건으로, 나의 필요를 알고 매제가 사 주었다. 휠체어나 구급차에 비해 아주 편안하고 이동이 자유로웠기에 아내가 무척 좋아했다. 그런데 주일날 아내를 교회로 태워 가려고 도착한 구급차 기사분이 이동 침대를 보고는 부러워하셨다. 8년 동안 아내를 태우고 다닌 분인데, 잘 굴러가지 않는 자신의 이동 침대와 빛이 나는 새 것을 연달아 보신다. 예배가 끝난 뒤 다시 구급차에 아내를 태워 집으로 돌아갔다. 구급차 기사분의 눈빛은 여전했다. 그때 성령이 말씀하신다.

'병년아, 네가 주어라.'

나는 순순히 물러나기 싫어 버틴다. '에이, 안 돼요. 제 아내도 새 것 좀 타야 하잖아요.'

그러자 나를 꼼짝 못하게 하는 말씀을 하신다.

'너는 네 아내 혼자만 태우지만 저 사람은 하루에도 수십 번 네 아내 같은 사람들을 태우고 다니지 않니? 너라면 어떡하겠니?'

'아, 하나님 고약하셔요. 이번에도 제가 좋아하는 꼴을 못 보시네요. 알았어요. 그렇게 할게요.'

순종의 기쁨이 내면 깊이 차오르고 하나님과 누리는 친밀감이 나를 감싸 온다. 이럴 땐 머뭇거릴 이유가 없다. 아내의 허락까지 받은 뒤, 구급차 기사에게 이동 침대를 서로 교환하자고 말씀드렸다. 당연히 기사분은 완강히 거절하셨다. 나도 마음이 바뀔까 싶어 더 세게 말했다.

"저는 아내 혼자지만 아저씨는 훨씬 많은 사람들을 태우고 다니시잖아요. 아저씨가 새 걸 쓰시는 게 여러모로 더 좋은 일이니, 거절하지 마세요."

내 말도 아닌 성령의 말씀을 대신 전한 셈이었다. 예기치 못한 제안에 당황하면서도 얼굴에는 기쁨이 번지는 것을 볼 수 있었다. 지금도 우리 집 베란다에 있는 그 낡은 이동 침대를 볼 때마다 기분이 좋다. 순종의 기쁨은 오래 간다.

8.
돈 없이
살아가기

소유하면서도 소유욕에 사로잡히지 않으려면 대단한 분별력이 필요하다. 내게 있는 것을 드리는 일은 엄청난 돈을 필요로 하는 것이 아니다. 리처드 포스터(Richard Foster)의 말처럼 하나님은 "막대한 재산이 아니라, 막힘 없는 통로가 되려는 겸손한 의지"를 가진 평범한 사람들을 그분의 위대한 일을 이루는 종으로 쓰신다.

프란치스코 드 살레는 "범사에 단순성을 사랑하라"고 했다. 범사에 단순성을 사랑하는 사람들은 그리스도를 사랑하고 닮아 간다. 기도가 자유로워지고, 사랑이 커져 간다. 단순성을 사랑하면 형식을 파괴하는 자유와 내면에서 나오는 성령의 음성에 점점 민감해진다. 재물에 매이기 쉬운 삶에서 벗어나 하나님의 공급으로 살아간다. 돈 없이 사는 것이 아니라, 은혜로 살아간다. 주신 것으로 자족하며 살아간다.

9 하나님의 전능

창조주가 그의 피조물 안에 들어오셨다.
그분은 발코니에서 길을 관찰하는
것이 아니라, 길까지 내려오셨다.
_알리스터 맥그래스

9 하나님의 전능

창조주가 그의 피조물 안에 들어오셨다.
그분은 발코니에서 길을 관찰하는
것이 아니라, 길까지 내려오셨다.
_알리스터 맥그래스

토요일 오후, 주일 설교 준비를 마친 행복함이 밀려 왔다. 즐겁고 가벼운 마음으로 집 현관문을 열었다. 거실에서 놀던 아이들이 아빠를 반긴다. 토요일에 일찍 들어왔으니 당연하다. 아이들이 내 품에 안긴다. 정말 행복하다. 아이들을 안는 포근함이 나를 행복하게 한다. 가슴이 두근두근 할 만큼의 큰 환대다. 갑자기 아들이 큰소리로 말했다.

"아빠, 토요일 밤인데 우리 통닭 먹어요."

나도 아들의 우렁찬 목소리에 화답했다. "좋지!" 통닭은 왜 토요일 밤에, 그것도 영화를 보면서 먹어야 하는지 모르지만 아들의 요청에 흔쾌히 응했다. 호주머니를 뒤졌다. 그런데 지갑이 없다. 교회에 두고 온 모양이다.

"아빠가 지갑을 교회에 두고 왔네." 미안한 마음으로 부드럽게 말했다. "아빠, 카드가 있잖아." 아이는 꽤 많은 것을 알고 있다. 카드가 지갑 안에 있다고 하자, 집에 둔 현금이 없냐고 또 묻는다. 아이들에게 미안하다고 양해를 구하고 돌아서는데, 아들이 충격적인 한

9.
하나님의
전능

마디를 날렸다.

"아빠가 돼 가지고 그것도 못 사줘."

마음에 열불이 오른다. 자존심이 팍 상한다. 그깟 통닭값 만오천 원이 없다고 아들놈이 아빠의 자존심을 뭉개다니. 그것도 주일을 앞둔 토요일 저녁에! 사춘기에 이른 아들의 충동적인 말인 줄 알지만 아빠의 상한 자존심을 아들이 알 리가 없다. 화가 나서 아들에게 소리쳤다.

"내 그럴 줄 알고 들어오면서 통닭 시켰다."

아이들이 환호하고, 분위기가 급반전했다. 아이들은 길길이 날뛰었다. 그러나 흥분한 아이들을 뒤로하고 나는 그때부터 고민을 시작했다. 누구에게 가져오라고 시킬까. 아니지, 기도해야지. 속이 달았다. 이럴 때 나오는 기도가 있다. 무조건 들이미는 '배째라 기도'다. "하나님, 알아서 해주세요. 아들한테까지 이런 소리 듣고 싶지 않아요." 단순하지만 심각한 기도다.

25분이 지났다. 아이들의 성화가 대단하다. "아빠, 전화해 봐요"라고 채근한다. "전화해 봤자 떠났다고 할 걸. 그러니 기다리자." 무려 45분이 지나간다. 난리다.

"딩동~"

갑자기 현관 키 번호 누르는 소리가 들린다. 누굴까, 왜 왔을까. 우르르 현관문으로 몰려갔다. 늘 오던 이모가 서 있다. 이모는 양 손 가득 피자와 통닭을 들고 서 있었다. 우리 집에 자주 오는, 예전에 우리와 함께 살았던 이모다. 나의 기도가 응답을 가져왔다. 아이들은 그것이 기도의 응답임을 모른다. 그저 아빠가 이모에게 시킨 줄 안다.

그러나 난 안다. 하나님은 엉겹결에 내뱉은 한마디 말까지도 들어주시는 분임을! 물론 매번 이렇게 역사하시지는 않는다. 통닭 한 마리 때문에 완전히 구겨질 뻔했던 아빠의 자존심을 하나님이 구해 주셨다. 그야말로 나를 '구원'해 주셨다. 절박할 때 하나님은 속히 응답하신다.

그러나 통닭 한 마리와는 비교할 수 없는 심각한 인생의 짐이 내게 있다. 아내의 병으로 인한 고통이다. 가장 절박하고 애절하고, 가장 빨리 이루어지길 바라는 단 한 가지 문제가 전혀 변화의 기미를 보이지 않는다. 다른 기도에는 비교적 빨리 응답하시는 하나님은 가장 절실한 기도를 외면하신다. 중요도로 치자면 최고 등급에 속하는 문제에서만은 응답을 멈추신 것이다.

아빠가 돼 가지고 그것도 못해요!

"아빠가 돼 가지고 그것도 못해"라고 덤비던 아들처럼 나는 하나님께 대들었다. "하나님은 전능하시잖아요. 말씀 한마디로 공허하던 세상을 생기 넘치게 하셨잖아요. 말씀 한 번이면 해가 생기고, 달이 생겼잖아요. 여리고를 무너뜨리셨잖아요.…" 성경에 나오는 무수한 기적들을 들먹이며 하소연했다. 하지만 가장 절박한 순간에 이전에 경험해 보지 못한 하나님의 침묵을 만났다. 분명히 성경에 기록된 하나님을 믿는데도 불구하고 말이다. 나만 그런 것이 아니다. 고통 속에 살았던 많은 사람들이 병을 고치는 데 있어 하나님 아버지의 침묵을 경험했다.

인도의 성자 에이미 카마이클(Amy Carmichael)은 생애의 마지막 18년 동안 끔찍한 관절염을 앓았다. 자신이 "네로의 감방"에서 산다고 말할 정도였다. 얼마나 고통스러웠으면 관절염을 네로의 감방이라 비유했을까. 그러나 하나님은 이 위대한 여성 사역자를 괴롭혔던 그 관절염을 고쳐 주지 않으셨다. 하나님은 카마이클의 사역으로 수많은 백성을 얻었지만, 걸을 때마다 고통을 주는 관절염을 고쳐 주지 않으셨다.

윌리엄 쿠퍼(William Cowper)는 찬송가를 많이 쓴 사람이다. 그는 우울증에 시달렸다. 자신을 중상하는 글을 보고 자살을 하려고 부두까지 달려갔던 사람이다. 몸을 던졌지만 바닷물이 너무 얕아 죽지 못하고 집으로 돌아왔다. 그는 하룻밤에만 무려 세 번의 자살을 시도한 적도 있다. 우울증으로 인한 자살 충동이 평생 그를 따라다녔다. 그는 우울증을 갖고도 주옥같은 노래로 하나님을 찬양했지만, 하나님은 윌리엄 쿠퍼가 작곡한 찬양을 들으면서도 그의 우울증을 고쳐 주지는 않으셨다.

"아빠가 돼 가지고 그것도 못해요!" 내 아들의 한마디가 하나님께로 향한다. "하나님, 그 많은 능력을 가지고 지금, 저를 위해 아내를 일으켜 주실 수 없으세요?" 탄식은 깊어 간다. "하나님이 나를 사랑하신다는 것을 의심하지는 않아요. 그러나 지금 그 사랑으로 병든 아내를 일으킬 수 있는 능력을 베풀어 주세요." 내가 경험하는 하나님은 나를 사랑하지만 나에게 모든 능력을 나타내지는 않는 분이시다. 오캄의 윌리엄(William of Ockham)의 말처럼, 하나님의 전능은 "이전에는 모든 것을 자유롭게 하실 수 있다는 의미였다 할지라도, 현재는 모든 것을 하실 수 있다는 의미가 아니었다."

내가 조정할 수만 있다면 하나님의 능력으로 이 고통을 벗어나고 싶다. 지은 죄를 고백해서라도, 수천 번의 감사 제사를 드려서라도, 헌신을 약속하는 서원을 통해서라도 고통을 벗고 싶다. 고통만큼 하나님의 능력을 절실하게 필요로 하는 것도 없다. 나는 언제나 하나님의 전능하심을 믿고 고백한다. 사도신경이 고백하는 대로 나는 "전능하신 아버지 하나님, 천지의 창조주"를 믿는다. 그러나 하나님은 나의 고백 속에서는 전능하시지만 내 삶 속에서 하나님의 전능은 드물게 나타난다. 아니, 거의 나타나지 않는다.

"내 마음 아세요?"

잠자리에 들기 전에 온 가족이 기도한다. 하루를 마치는 것에 대한 감사가 아니라, 아내를 낫게 해달라는 간구의 기도다. 그 늦은 시간에 잠이 들면서도 아픔에 대한 의식은 기도 속에 더욱 또렷하게 밀려온다. "낫게 해주세요." 윤지는 아직도 이 기도를 끈기 있게 한다. 가끔은 하나님이 어린아이들을 사랑하시니까 윤지의 기도를 들어주셨으면 하고 기댈 때도 있다. 그런데 그것마저도 효력이 없다. 윤지의 애절한 기도도 안 통한다. 응답이 없다. 정확하게 '안 된다'고 하신 것도 아니고 '기다리라'고 하신 것도 아니다.

침묵. 하나님이 침묵하실 때 우리는 침묵하지 않는다. 우리는 따지고 묻는다. 항변한다. 슬픔이 소리를 지른다. 가만히 있어도 눈에서 불이 나온다.

"왜?!"

"왜 나예요?!"

"왜 우리 집인가?!"

왜라는 질문에는 깊은 슬픔이 있다. 아무도 대답해 줄 수 없는 고통당하는 자의 외로움이 있다. 하나님께 존재를 거부당한 이들의 외로움이 숨어 있다. 이전에 친구였던 그분조차도 우리가 아파하는 이 순간에 침묵하심으로 아무도 이해할 수 없는 심연 속으로 나를 처박는다. 빛이 사라졌다. 깜깜함뿐이다. 나를 지키시는 자가 졸지도 주무시지도 않는다고 고백하던 순간은 사라지고, "주여, 깨소서. 어찌하여 주무시나이까. 일어나시고 우리를 영원히 버리지 마소서"(시 44:23)라고 울부짖는다.

피트 그리그(Pete Greig)의 아내는 간질병 환자였다. 아내가 가끔씩 발작을 하면 그 충격으로 잠에서 벌떡 일어나곤 하였다. 몸이 꼬이고, 사이렌 소리가 들렸다. 어느 날 아내 새미가 다시 발작을 일으켰다. 발작을 진정시키고 소파에 앉았는데 마음속으로 "나는 네 마음을 다 알고 있단다" 하고 말씀하시는 소리가 들렸다. 실제든 상상이든, 그는 벌떡 일어나 화를 냈다고 한다. "아니요, 절대로 모릅니다. 어떻게 내 마음을 아신다고 말할 수 있습니까? 진정 제 마음을 아신다면 이 발작을 멈춰 주셔야지요!" 뜨거운 눈물이 뺨 위로 흘러내렸다. "그런 일 당해 보셨습니까?"

적막뿐.

한참을 울고 난 뒤에 시선이 벽난로 위 익숙한 그림엽서 한 장으로 옮겨졌다. 살바도르 달리의 "십자가에 달린 성 요한의 그림"이었다. 하나님은 그가 무엇을 보고 있는지 아시는 듯했다. 잠시 기다리시더니 그분은 피트 그리그에게 말씀하셨다.

"그때 나도 너와 같은 마음이었단다."

아내를 돌보며 비교적 빨리 '왜'라는 물음은 해결됐다. 더딘 응답과 시편의 말씀을 보며 더 이상 그 질문을 하지 않기로 했다. 그러나 매일 반복되는 일상에서 '언제까지 해야 하나'라는 질문을 포기하기는 힘들었다. 언제까지? 나는 이런 질문이 두렵다. '왜'는 포기할 수 있지만 '언제까지'는 포기할 수가 없다. 미래를 생각할 때마다 두려웠다. 지금 내 나이 쉰인데. 언제까지. 아내를 돌보는 변함없는 상황이 나의 미래를 붙잡고 모든 것을 결정하고 있는 것 같다.

언약에 기록하신 대로 개입하셔야 하는데, 하나님은 말씀이 없으시다. 절망하는 욥에게도 하나님은 침묵하셨다. 자신에게 집중된 시각을 가진 욥에게 하나님은 신음 소리 하나 내지 않으셨다. 욥은 고통 중에 하나님의 음성을 듣고 싶었다. 하나님의 임재를 보고 싶었다. 이후 드디어 입을 떼신 하나님은 욥이 도저히 대답할 수 없는 질문을 하셨다. "내가 세상을 창조할 때 너는 어디서 뭐 했니?" 하나님이 욥에게 당당하게 물으셨다. "욥아, 너 다 아니?" 그 다음 말씀이 혹시 이 말은 아닐까. "모르면 조용히 해라! 욥아, 너만 고통당하는 것이 아니란다. 나도 고통당한다. 십자가를 봐라. 나의 성품을 봐라!"

우리는 고통 자체가 없어야 하고, 하나님이 결코 변화와 고통을 경험할 수 없다는 생각에 사로잡혀 있다. 그러나 이런 주장은 하나님의 아들이 사람으로 태어날 수 없고, 고난당하고 죽을 수도 없다는 인본적인 생각의 산물일 뿐이다. 그리스도에 대한 이런 이해는 고난에 동참하는 그리스도의 성육신적인 인성을 허상으로 만들 뿐이다. 디트리히 본회퍼(Dietrich Bonhoeffer)가 말한 것처럼 "고통받지 않는 하나님은 인간을 고통에서 구원하지 못한다." 왜냐하면 하나님은 인격적인 분이시기 때문이다. 하나님이 약해지신 것이 아니라, 하나님이 약함 가운데로 오신 것이다.

영어 compassion과 독일어 mitleiden은 '함께 고통당하는 것'을 뜻한다. 인간의 고통이 어디서 왔든 하나님은 인간의 고통에 동참하시는 분이시다. 우리는 고통당할 때 더욱 이기적으로 돌변하지만 예수 그리스도는 고통당할 때 하나님의 뜻에 순종하셨다. 고통 속에서 '부재하신 하나님'은 우리가 찾는 전능한 능력을 숨기시고 우리와 함께 고통당하기로 결심하셨다.

"내가 너를 모른다고. 너는 내가 공감하기를 원하느냐." 그렇다면 십자가를 보아라. 십자가. 이것이 고난을 대하는 하나님의 방식이다.

십자가, 구원의 능력

신약 성경은 항상 하나님의 능력을 두 가지 맥락에서 언급한다. 첫째, 십자가에서 보여 주시는 능력은 구원의 능력이다. 죽어가는 다른 한 강도는 십자가에 달려 죽어가는 예수를 보고 '당신의 나라'가 오고 있음을 보았다. 그 강도는 "당신의 나라가 올 때 나를 기억하소서"라고 탄원했고, 구원을 받았다. 성경에서 하나님의 능력은 구원의 능력이다.

또 신약 성경에서 강조하는 하나님의 능력은 부활의 능력이다. 부활의 능력은 현재에는 자기를 부인하고 순종하는 매일의 헌신이요, 나중에는 모든 역사를 회복하시는 능력이다. 만물을 회복하는 능력, 심지어 죽은 자들을 산 몸으로 일으키시는 능력이다. 현재 기적이 전혀 일어나지 않는다는 말이 아니다. 기적은 일어난다. 그러나 온전한 회복은 재림의 날에 부활의 능력으로 회복되는 것이다.

그러나 우리는 현재 삶의 고통에서 구출되기를 바랄 때 하나님의 전능을 가장 많이 구한다. 병을 치료하는 하나님을 전능의 하나님이라고 찬양한다. 물론 하나님은 지금도 병이 낫도록 역사하신다. 그러나 대부분 병은 병원에서 고친다. 현대 의학이 얼마나 발달되어 있는지 생각해 보라. 그렇다면 의술을 사용하여 병을 치료한 의사들을 전능하신 의사들이라고 해야 하는가. 전능에 대한 이와 같은 해석은, 실제로 구원하는 능력을 강조하지 못하고 많은 사람을 기복적인 신앙으로 오도한다. 내 아내가 회복된다고 해서 하나님의 전능이 입증되는 것이 아니다. 내 아내가 낫지 않아도 하나님은 전능하시다. 심지어 죽어 땅에 묻혀 뼈까지 흙이 되었어도 그 흙에서 다시 서주연이라는 사람을 만들어 부활하게 하시는 그분이 바로 전능하신 하나님이다.

구원하는 능력의 거대함을 실제로 깨닫게 되는 것은, 바로 죄의 거대함과 깊이를 깨달을 때다. 미움과 분노, 음란과 외로움, 그리고 정죄와 무례함, 낙심과 허무함 등 숱한 죄악들이 내 영혼 깊숙이 박혀 있다. 사실, 질병이 가져다주는 고통보다 죄로 인한 고통이 더 괴롭다. 죄는 양심을 부패하게 하고 영원토록 사람을 병들게 만들기 때문이다. 무엇보다 하나님이 내 죄로 인해 깊이 상처받고 고통받으시기 때문이다. 그런데 나는 이 죄들을 도무지 떨쳐낼 재간이 없다. 능력이 없다.

그런데 하나님이 이토록 더럽고 깨어진 세상 한가운데로 오셨다. 바로, 우리를 이런 세상으로부터 구원하시기 위해. 엄청난 사실이다. 사람들은 십자가를 무능하다고 한다. 그러나 십자가는 그리스도의 고난과 죽음을 통해 무능력한 우리를 위해 구원을 이루시는 하나님의 능력이다. 루터는 말했다. "하나님 사랑은 그리스도의 고난에도 불구하고 나타난 것이 아니라, 그 고난을 통해서 나타났다." 나의 모든 시간은 고통 속에 드러나는 나의 연약함과 부패함을 인정하고 하나님의 강함을 덧입는 시간으로 변했다. 십자가 위에서. 십자가 안에서. 십자가로 말미암아.

　죄인이었던 우리가 소멸되지 않고 영원히 존재할 수 있는 이유는 아버지의 십자가 사랑에서 나오는 놀라운 능력 때문이다. 우리는 죄인임에도 하나님의 사랑을 받는 자다. 아내가 낫지 않아도 삼위 하나님의 보호하심 속에 살아가는 그분의 백성이다. 그 하나님은 우리에게 가장 밑바닥에서도 존재할 수 있는 능력을 주셨다. 그분은 죽음 속에서도 우리를 사랑하는 분이시니 말이다. 하나님은 사랑 때문에 자신의 전능을 비우셨다. 이제 하나님이 우리 유익을 위해 전능하신 능력으로 모든 것을 사용하실 것이라는 우상에서 벗어나자. 그 쾌감! 그 자유! 그 은혜! 십자가는 '모든 고통을 없앤 단 하나의 고난'이다.

　아내가 쓰러지고 벌써 여덟 번째 맞는 사순절이다. 혼자서 응답 없는 기도에 대하여 묵상을 하고 있었다.
　"왜 안 들어주셔요?" 나는 간절하게 아내를 일으켜 달라고 애원하였다.

"……"

대답이 없다. 힘들다. 이런 대답 없음이 나를 힘들게 한다.

"나도 힘들어요."

다시 십자가를 올려다보며 한마디 툭 뱉었다. 그저 나오는 대로.

"……"

침묵 속에 한참의 시간이 흘러갔다. 문득, 이런 말씀이 내게 다가왔다.

"병년아, 뭘 더 달라는 거냐. 난 내 아들까지 다 너에게 줬다. 근데 또 달라고. 아들까지 주었는데 뭘 더 주겠니?"

할 말이 사라졌다. 아들까지 주셨다고 말씀하시는 그분께 더 달라는 말을 차마 할 수가 없었다. 이번에는 내가 말을 잇지 못했다.

"……"

성육신하신 아들이 임마누엘 하나님이시다. 나의 고난에 함께 고난을 받으시는 하나님이다. 인간은 하나님 형상을 지닌 유일한 존재다. 밤마다 잠을 잘 때면 하나님이 내 옆에 누워 계신다. 아픈 상태로 말이다. 아픔을 간직한 하나님으로 인해 나는 하나님과 더욱 친밀해진다. 임마누엘 하나님을 만난다. 내 옆에 누워 주무시는 하나님, 나와 함께 긴 밤을 보내시는 성육신하신 하나님을 만난다. 아내의 형상 속에 임재하신 하나님은 아픈 하나님이다. "아픈 나를 돌봐 주지 않겠니?" 울고 또 울었다.

내가 좋아하는 존 스토트(John Stott) 목사는 이렇게 말한다. "하나님은 고난받는 예수님 안에 거하셨으며 그리스도 안에서 그분의 백성과 함께 여전히 고난을 받으신다." 우리 하나님은 백성의 고통 소리를 듣고 함께 고난받으시는 아버지이시다. 고난은 그분 임재의 현재의 모습이다.

죽임당하신 어린양, 전능하신 사자

필립 얀시(Philip Yancey)는 말했다. "예수님은 만나는 모든 사람을 다 고쳐 주지는 않으셨다. 예수님은 모든 질병을 치유하려는 강박이 없으셨다." 그분이 주신 것은 모든 이들의 마음에 생겨난 자유였다. 사람이 누리는 자유는 질병에서 해방되기 때문이 아니라 죄책감과 죄로부터 자유로워질 때 오기 때문이다. 그러나 어둠에 갇힌 사람은 아무리 건강해도 이 자유를 누리지 못한다. 8년의 시간 동안 나와 아내는 이 죄책감에서 벗어나는 자유를 누렸다. 치유되지 못해도 우리는 웃으며 살아간다. 낫지 않아도 우리는 부부로서 다른 이들을 섬기며 살아간다.

그렇다. 하나님은 전능하시다. 우리와 맺은 언약을 지키고 이루시는 데 전능하다. 하나님은 백성들이 겪는 모든 질병을 다 고쳐 주시지는 않는다. 그래도 전능하신 분이시다. 그들과 함께 거하시며 자기를 주시기 때문이다. 모든 능력을 다 나타내셨기 때문이 아니라, 우리를 향한 사랑으로 죽으셨기 때문이다.

하나님은 전능하시다! 그렇다. 그분은 마지막 날에 우리를 회복시키실, 부활의 능력을 지닌 분이시기 때문이다. 지금 그 모든 것을 온전하게 경험하지 못해도 하나님은 우리 가운데 거하신다. 고통 중에 거하시는 하나님이 우리 하나님이시다. 하나님은 고통을 참는 데 전능하시다. 하나님은 죄인을 사랑하는 데 전능하시다. 죄인들과 함께 사는 데 전능하시다. 아멘.

죽임당하신 어린양.

우리들을 나라와 제사장 삼아 주셨으니,

우리는 주와 함께 이 땅에서 다스리리.

이 다스림은 통치가 아니고 섬김이다. 이 다스림은 생명이 아니고 신실한 죽음이다. 하나님의 사자(The Lion)가 이 땅에서 어린양(The Lamb)으로 사셨다. 고난을 당하셨다. 매를 맞았다. 죽임을 당하셨다.

　이전에는 이 짧은 인생에 이것도 못 누리냐고 대들었지만, 시간이 지나고 미물 같은 내가 이미 누린 것이 얼마나 많은지 깨닫고는 내 삶 속에 그분의 전능을 필요로 하는 부분이 그리 많지 않음을 깨닫는다. 그분의 능력으로 창조하신 세상을 누리는 것만 해도 차고 넘친다. 언약을 지키는 그분의 신실한 능력만으로도 내 삶은 이미 충만하다. 이제 내게 필요한 것은 아름다운 죽음을 사모하는 아름다운 삶을 살아가는 것이다. 그분의 백성으로서 삶을 사랑할 수 있는 신실함이 우리에게 필요한 능력이다.

나오는 글

아이들이 자란다. 모진 바람이 불어와 모든 것이 뿌리 뽑혔다 여겼던 우리 가정에서, 신기하게도 아이들이 자라고 있었다. 어른이 감내하기에도 그토록 버거운 짐을, 그 연약한 아이들이 어떻게 견뎌내고 있었을까?

질긴 생명. 모진 인생보다 더 질긴 생명이 바로 그 답이다. 아이들은 고통의 순간을 생명 때문에 살아간다. 생명이 고통의 삶 속에서 살아갈 힘을 준다. 무겁게 가라앉은 일상의 지루함을 깨고 활력을 가져다준다. 돌봄이 서툰 아빠 때문에 계절에 맞지 않는 옷을 입고, 머리도 제대로 빗지 못해 헝클어진 머리로 학교에 가도, 생명이 아이들을 자라게 한다. 생명이 고통을 이긴다. 절망을 헤집고 솟아나온 새순과도 같은 내 아이들. 이 아이들이 나를 가르친다. 나는 아이들에게서 생을 배우고, 무엇과도 비교할 수 없는 위안을 얻는다.

지난 8년 동안 나와 아이들은 우울함이 웃음으로, 웃음은 다시 눈물로, 생기가 분노로, 분노는 성찰로, 슬픔은 기쁨으로, 기쁨이 다시 고통으로 바뀌는 인생의 롤러코스터를 함께 탔다. 아무것도 모르는 아이라 생각했던 이들 역시 생이 주는 고통과 우울, 눈물을 온몸으로 감내해야 했을 테고, 그럼에도 참으로 감사한 것은 아이들은 기쁨으로 그 고통을 이겨내 왔다는 사실이다. 어떤 때는 아픈 곳을 더 아프게 해서 부모를 더 혼란스럽게 만들기도 한다. 그들의 미숙함과 부모의 미숙함이 합해져 더 큰 고통이 생기기도 한다. 하지만 어쨌든, 고통을 참고 가느다랗게 싹튼 이 어린 생명들은 아픔에 시들어 무력해진 어른들에게 큰 웃음을 준다.

어느 날 딸에게 물었다. "너 언제 우니?" 머뭇거리던 딸이 대답한다.

"아무도 없을 때, 엄마 옆에서 울어."

아이가 이토록 큰 아픔에 눈물을 흘리지 않는 것이 비정상이리라. 늘 생글생글 웃는 딸도 혼자일 때는 운다. 엄마 옆에서 운다. 옆에서 나와 윤영의 대화를 듣던 아이 친구가 놀란다. "며칠 전 노래방에서 윤영이 실컷 울었대요."

그 말을 듣고 속으로 생각했다. '그래, 그렇게라도 울어야지. 그래야 너도 산다.'

연단은 순탄한 삶으로는 결코 얻을 수 없음을 알면서도, 고통을 견디는 아이들의 눈물을 보며 애간장이 타들어 가는 듯했다. 그렇게, 자녀들 또한 아빠와 함께 거룩한 여정에 들어서고 있었다. 아이들은 궁극적으로는 사라질 고통을 품어 영원한 사랑을 남기는 삶의 여정으로 걸어간다.

자라는 아이들이 엄마를 돌보는 횟수가 점점 늘어난다. 수요예배 때는 아들이, 금요기도회 때는 큰딸이 엄마를 돌본다. 물론 아이들이 엄마를 돌보는 시간이 늘어나면서 간병 상태는 더 나빠졌다. 그래도 한 가족이 되어 서로를 돌보는 일이 우리 가족을 하나로 묶기 시작했다.

거실에서 아이들과 블루마블 게임을 하는데, 아내 가래 소리가 심하다. 큰딸에게 가 보라고 했더니 남동생에게 그 일을 시킨다. 남동생은 또 막내에게 시킨다. 결국 막내가 일어나 엄마 가래를 제거했다. 내가 놀라서 물었다.

"너 누구한테 석션을 배웠니?" 아무도 막내에게 그것을 가르쳐 준 적이 없었기 때문이다. 막내는 당차게 대답했다. "권사님이 하시는 걸 보고 배웠어."

"그렇구나. 윤지야, 이리 와 봐. 가래를 어떻게 빼니? 아빠한테 한 번 보여 줘."

막내는 주저 없이 전원 스위치를 넣고 왼손으로 흡입구를 잡는다. 그리고 오른손으로 고무장갑을 끼고 튜브를 엄마의 목구멍에 넣는다. 영락없이 가래를 제거하는 자세다.

우리는 자녀에게 무엇이 되라고 강요하지 않기 때문에 아이들은 아직 특별한 꿈이 없다. 아들놈은 노는 게 꿈의 전부다. 그런데 "윤지야, 너 앞으로 뭐 할래?" 물으면, 윤지는 주저 없이 의사라고 답한다. 의사가 되어 엄마의 병을 고쳐 준단다. 큰 두 녀석과 달리, 어릴 때부터 지금까지 한결같이 자신이 의사가 되어 엄마를 고쳐 준다고 말한다. 대견하다. 그 모습을 보면, 결핍이 삶을 살아가는 이유가 되는 것이 아닐까란 생각이 든다. 결핍 속에서 비전이 생기고 삶의 열정이 싹튼다. 나도 의사 자식을 둔 부모가 되려나 보다.

아이들은 나를 '엄빠'라고 부른다. 엄마와 아빠에서 한 단어씩 조합해 만든 재미난 은어다. 즉 내가 아빠와 엄마 역할을 동시에 감당한다는 뜻이다. 그러나 좀더 엄격하게 말하면 엄마, 아빠의 역할이 다 불만족스럽다는 의미다. 아이들의 정서와 육체와 영혼을 책임져야 하는 부모의 역할을 혼자 감당하기에는 너무 벅찼고, 무엇을 해도 늘 부족하기만 했다. 이전에 허드렛일로 여겼던 반복적인 일들을 제대로 감당하기에는 여유와 사랑이 너무도 부족하다.

나는 자녀들에게 옷을 골라 줄 줄 모른다. 원래 옷을 선택하는 것은 나에게 초월적인 영역이었다. 되는 대로 옷을 입던 나는, 자기 취향과 당일의 날씨에 따라 옷을 선택하려는 아이들을 보면 화를 참지 못한다. 대충 입으라고 협박한다. 아이들이 결정할 때까지 기다려야 한다는 것을 알면서도 이미 내 마음은 부글부글 끓고 있다. '이런 의미 없는 일을 얼마나 계속해야 해?'

옷을 고르는 것보다, 참지 못하는 내 성미가 아이들의 마음을 상하게 한다. 그게 엄빠 역할을 수행하는 데 결정적 실책을 불러온다. 옷을 고르다 미적미적하는 막내의 모습을 보면 화가 난다. 빨리

고르라고 다그친다. 막내는 울상을 짓는다. 하도 답답해서 어느 날 아내에게 물었다.

"여보, 당신도 어릴 때 옷장 앞에 앉아서 묵상했어? 윤지가 아침마다 옷을 선택하지 못해서 말야."

아내가 눈을 찔끔한다. 윤지가 어린 시절의 엄마 모습을 닮았다. 옷 선택을 주저하던 그 모습 그대로를.

하지만 무엇보다 엄빠로서 적응하기 힘든 최고의 시간은 식사 시간이다. 옷이야 취향이 변하고 계절이 바뀌면 새로운 것을 사주면 된다. 그러나 음식은 내가 잘 만들어야 하는데 그게 쉽지 않다. 재료를 사도 요리할 줄 모르기에 원재료를 구입할 엄두를 못 낸다. 있는 대로 먹던 식습관을 가진 내가 아이들을 위해 정성껏 음식을 만들고 정성스럽게 먹인다는 것은 시간의 낭비요, 사치로 보였다. 아이들이 건강하길 바라지만, 잘 먹일 기술이 내겐 없다.

그래도 아이들은 이런 나를 엄빠라 불러 준다. "하이, 아빠. 꾸녕이에요." 아빠를 친구처럼 가볍게 부르며 다정하게 어버이날 편지를 써 주는, 사춘기에 접어든 우리 큰딸 춘녀. 그애가 쓴 장문의 편지를 읽는 것만으로도 큰 감격이다. 빼곡하게 적힌 가지런한 글씨와 녀석의 마음을 담은 내용이 메마른 마음에 촉촉한 단비처럼 내린다. 누구 말처럼, '이 재미로 인생을 사는지도' 모른다.

"아빠한테 이러케 머싯게 줄 거라고 아빤 예상 못했지요? 히히. 생각해 보니깐 정말 길게 편질 쓰거나 한 적이 없는 거 같아서. 이번에 어버이날에 이렇게 아빠한테 편질 써요. 내가 이번 어버이날은 정말 아빠 생일보다 더 챙겼다!"

발음 나는 대로 적은 받침이 우스꽝스럽기도 하지만 딸이 아빠를 무서워하지 않고 다정하게 대하는 것에 감사한다. 작년 내 생일을 잊은 아이들을 혼냈더니 그 기억을 1년 동안이나 간직하고 '생일보다 어버이날을 더 챙겼다'고 녀석이 스스로를 대견해한다.

"아빠, 가끔 놀다가 집에 늦게 들어와서 속도 썩히고…"

갑자기 웃음이 나온다. 가끔이라니. 요즘은 매일이다. 자녀들이 부모에게 편지를 쓰면 고해성사가 된다. 부모님을 생각하면 지은 죄가 떠오른다. 받은 사랑이 너무 커서 그런가 보다. 아님, 무지하고 철없던 어린 시절이 지나가고 사람이 되어 가기 때문인지도 모른다. 이 녀석아. 내가 아는 한 너는 가끔 노는 것이 아니고 항상 논다. 학교 수업 시간만 제외하면 하루 종일 놀지. 토요일은 놀토라고 놀고, 주일은 안식일이라 쉰다. 중간고사 끝나면 기말고사 직전까지 놀지 않니.

"동생도 괴롭히고, 윤서도 잘 돌보지 못해서…"

아빠로부터 시작된 고해성사는 동생들을 향한 애정으로 변했다. 아마도 이 편지를 쓸 때 호르몬이 변했나 보다. 큰 언니가 마음만 먹으면 막내는 언제나 노리개감이다. 여덟 살의 나이를 극복할 방법은 없다. 누가 그 위엄에 도전하랴. '시끄러' 한마디면 막내는 벌써 운다. 윤영아, 너 알고 있구나. 네가 동생을 괴롭히는 것을. 막내 동생과는 달리 둘째 남동생 윤서는 큰딸 마음대로 안 된다. 윤서의 체격이 커지고 목소리가 굵어지면서 힘에는 힘으로 대응한다. 누나의 부당함에 과감하게 덤빈다. 그러니 맨날 싸움이다.

"공부도 안하고 그랬지만 앞으론 더욱 열심히 노력할께요."

맏딸은 자신의 인생길에 해야 할 일이 무엇인지를 깨달았다. 공부! 나도 영락없는 학부모인지라, 스스로 공부하겠다는 말이 가장 기쁘다. 아빠의 기대감이 급상승한다. 큰 딸은 우리나라에서 제일 좋은 대학에 갈 것처럼.

"내가 그렇게 열심히 돕고 제일 열심히 해야 할 사람인데 맨날 그렇게 못할 때마다 후회하면서도 너무 미안하고 다음에 꼭 그래야지 하면서도 막상 그때가 되면 또 그렇게 못하고…에효, 이러케 반성할 점도 만코 아빠 말씀도 잘 안 듣는 저를…"

춘녀는 자신이 누구인지 깨닫는다. 호르몬은 춘녀인데 의식은 성인이다. 불안정한 사춘기를 지나는 딸은 누구보다도 자신을 잘 안다. 사소한 일에서 신경전을 매일 벌이지만 딸은 고통 속에서도 나에게 쉼을 준다. 아이에게 받은 편지 한 장이 부모의 모든 삶을 위로한다. 편지를 아내에게 읽어 주고 또 읽어 주며 울고 울었다. 감사의 눈물을 흘렸다! 아이들의 삶속에서 꽃망울이 하나 터지기 시작했다.

최근에 교회 부목사님이 막내에게 물었다.

"윤지야 너 아빠하고 결혼할래?"

윤지의 대답은 의외였다. "아빠는 싫어!"

부목사님이 다시 물었다. "왜?"

"아빠는 무서워서!"

윤지는 집으로 돌아온 지 벌써 5년이 되어 가도 여전히 나를 무서워한다.

"그러면 오빠는?"

"오빠는 좋아!"

"오빠가 그렇게 괴롭히는데도?"

"응, 그래도 오빠가 아빠보다 나아. 차라리 오빠가 나아."

차라리 오빠가 낫다는 말에 부목사님이 웃으셨다. 괴롭혀도 놀아 주는 오빠가 놀아 주지 않고 가끔 버럭버럭 화내는 아빠보다 낫다. 8살짜리도 안다. 괴롭히는 오빠라도 늘 함께하기에 좋아한다. 오빠가 아빠를 대신해 어린 동생을 양육하고 있는 것이다.

이렇게, 아이들이 서로를 지탱하고 돌보며 삶을 살아간다. 아이들이 지닌 생기가 집안을 가득 채운다. 엄마가 아파도 아침마다 괴성을 지르며 일어나는 아들이 있다. 침대에 누워 꼼짝도 안 하는 엄마 옆에서 침대를 붙잡고 장난을 친다. 아무것도 먹지 못하는 엄마에게 맛난 과자를 사 달라고 투정을 부린다. 아이들의 풍부한 정서는 질병으로 꽁꽁 얼어 버린 부모들의 감정도 녹인다. 아내가 일어나는 날만을 소망하며 하루하루 견디는 어른들에게, '오늘도' 웃을 수 있고 놀 수 있다고 아이들이 가르친다. 마치 앞날의 행복을 위해 지금의 웃음을 포기할 수는 없다는 듯이.

아픈 사람들은 앞날에 대한 비현실적인 기대를 가지기 쉽다. '다시는 이런 일이 없을 거야.' 그러나 우리 아이들은 "우리가 앞으로 살면서 지금보다 더 힘들고 지치고 슬플지도 모르지만"이라며, 앞으로도 더 힘들 수 있다는 가능성을 열어 둔다. 아이들은 상처를 감추고 다시는 상처받지 않을 것이라고 말하지 않는다. 자기 상처에 집착하고 그 고통을 절대화함으로써 미래를 덮어 버리는 어리석음을 범하지도 않는다. 참 귀한 아이들이다.

   나는 이런 소중한 아이들에게 내 삶을 물려주고 싶다. '고난을 이기는 삶'을 유산으로 주고 싶다. 자녀들에게 고난을 물려주고 싶은 부모는 없다. 그러나 나는 우리 자녀들에게 병든 아내를 사랑하는 남편의 모습과 가정을 지키는 아빠의 모습, 그리고 어려움 속에서도 이웃을 사랑하고 교회를 신실하게 섬기는 모습을 물려주고 싶다. 보이는 유산은 아니지만 그들의 마음과 성품에 새겨지는 삶을 남겨 주고 싶다.

후기

30대 후반이 되었을 때, 어떤 자매가 책을 쓰라고 내게 권했다. 그때는 실력을 탓하며, 50세가 되기 전에는 쓰지 않는다며 가볍게 웃고 넘어갔다. 그러나 혹독한 삶이 쉰도 채 되지 않은 내게 「난 당신이 좋아」라는 책을 쓰게 했다. 필력이 생겼기 때문이 아니라 고통이 내 몸에 글을 새겼기에 몸으로 글을 썼다. 내 첫 책은 바로 몸으로 쓴 글이다.

몸이 말을 하기 시작하자 두 번째 책을 쓸 수 있었다. 첫 책이 상황에 밀려 쓴 책이라면, 두 번째 책 「바람 불어도 좋아」는 내가 쓰고 싶었던 책이다. 어쩔 수 없는 상황을 토로하는 글이 아니라, 고통을 삶의 한 부분으로 수용하고 하루하루 아픔 속에 삶을 견디며 깨달은 인생살이를 적은 글이다. 독자들은 이 책에서 인생살이 안에 숨어 있는 고통의 흉측함을 다루는 나의 담대함을 느낄 수 있을 것이다.

나는 고통을 드러내기보다는 삼켜야 하고, 삼킨 고통이 삶을 삼켜 버려도 야멸차게 외면하는 이 거짓된 세대를 고발하는 심정으로 이 책을 썼다. 나는 위선을 조장하는 세상을 향해 당당하게 고통을 드러내도록 도전하고 싶었다. 아픔을 숨기고 집안에만 은둔하는 환자가 아니라, 고통을 드러내고 함께 사는 사회인으로 살아가는 환자들의 생존을 말하고 싶었다. 고통도 삶의 한 모습이기에.

사실 사람들은 질병이 불안을 가져오는 것처럼 생각한다. 하지만 그들이 잊고 있는 것은, 삶 자체가 본래 불안한 것이라는 사실이다. 흔들리지 않은 인생이 어디 있으랴! 그러나 고통을 품고 진실하게 하루하루를 살아가는 사람은 견고한 반석이신 하나님을 발견할 수 있다. 인생은 바람에 늘 흔들리지만, 하나님은 결코 흔들리지 않는 바위이시다! 그래서 삶을 안정시키려는 부질없는 시도를 버리고 그분을 신뢰하는 법을 배운다. 오직 반석이신 그분을!

나는 하나님의 임재를 구하며 답답한 인생을 살아가는 모든 이들에게 이 책을 읽도록 권하고 싶다. 불안에 빠져 지금 여기로 임하는 하나님의 은혜를 보지 못하는 이들에게, 개별적인 아픔에 푹 빠져 '왜 나만!'을 부르짖는 외로운 이들에게, 허약함을 수치로 알고 은혜 안에서 자신을 드러내지 못하는 이들에게 이 책을 권한다. 자신을 드러내지 못해, 하나인 '우리'를 경험하지 못하는 이들에게 이 책을 권한다.

무릇, 글이란 혼자서 짓는 것이 아니다. 함께 살아온 사람들이 나의 삶이 되고, 나의 글이 편집자들의 수고로 말미암아 책이 된다. 이 책이 만들어지기까지 곁에서 나를 진심으로 응원하고 도움을 준 많은 벗들과, 내 글을 책으로 만들기 위해 수고해 준 IVP 편집진과 정효진 간사에게 감사를 전한다. 그리고 마지막으로, 힘든 생의 여정을 함께 걸어가고 있는 내 사랑하는 동지 서주연과 사랑하는 내 아이들에게 감사하는 마음으로 이 책을 바친다.

바람 불어도 좋아

초판 발행_ 2013년 6월 21일
초판 8쇄_ 2024년 2월 5일

지은이_ 김병년
펴낸이_ 정모세

펴낸곳_ 한국기독학생회출판부
등록번호_ 제2001-000198호.(1978.6.1)
주소_ 04031 서울시 마포구 동교로 156-10
대표 전화_ (02)337-2257 팩스_ (02)337-2258
영업 전화_ (02)338-2282 팩스_ 080-915-1515
홈페이지_ http://www.ivp.co.kr 이메일_ ivp@ivp.co.kr
ISBN 978-89-328-1299-1

ⓒ 김병년 2013

책값은 뒤표지에 있습니다.
무단 전재와 복제를 금합니다.